BIOGRAPHIE

DE

ÉTIENNE CABET

FONDATEUR DE

L'ÉCOLE ICARIENNE

PAR

Henry CARLE et J.-P. BELUZE.

PREMIÈRE LIVRAISON.

PRIX : 60 centimes. — Par la Poste, 90 c.

A PARIS,

CHEZ M. BELUZE,

3, RUE BAILLET.

BIOGRAPHIE

DE

E. CABET,

FONDATEUR,

DE L'ÉCOLE ICARIENNE

CHAPITRE PRÉLIMINAIRE.

C'est le cœur encore tout pénétré d'une profonde
tristesse, que nous prenons la plume pour raconter la
vie d'un homme éminent à tant de titres, mort victime
de son dévouement sans bornes, pour le service de l'humanité. Lé séntiment de fraternité s'était en quelque
sorte, fait homme en lui; c'était là l'instinct divin qui
l'inspirait dans tous ses actes, et il n'y a aucune exagération à dire qu'il a aimé ses frères, c'est-à-dire tous
les membres de la grande famille humaine, jusqu'à la

mort, puisqu'il a su donner sa vie pour eux, sans regret et même avec bonheur (1).

De quelle douleur amère sa perte irréparable ne doit-elle pas être la source pour tous ceux qu'il voulut bien admettre, comme nous, au nombre de ses amis, et qui restent maintenant privés du charme de son commerce si agréable, et des trésors inappréciables de son expérience consommée, après avoir vu briller en lui, un de ces nobles caractères qui emportent les regrets unanimes de toutes les âmes généreuses et de tous les cœurs honnêtes, parce qu'ils honorent leur temps et la nature humaine.

Une pensée soutient pourtant notre courage et nous anime à l'accomplissement de notre tâche, c'est que nous allons à la fois et remplir un pieux devoir envers une mémoire vénérée, et tracer le tableau d'une carrière féconde en grands enseignements de toute espèce.

Où trouver, en effet, une existence mieux remplie? Que de travaux, que d'obstacles, et quels obstacles! Que d'épreuves, que d'événements, que de situations diverses, que de vicissitudes, et dans le héros quelle persévérance et quelle sérénité!

Quand on embrasse tous ces faits du regard de l'esprit, l'horizon est vaste, immense. A une enfance laborieuse, passée dans l'atelier paternel, succède une jeunesse vouée

(1). Nous montrerons que M. Cabet a prévu longtemps à l'avance, que sa fin ne serait point paisible, qu'il périrait victime des ses idées de réforme. Mais il a tout accepté avec courage, par amour de ceux qui souffrent. La pensée sublime du fondateur du Christianisme était empreinte au fond de son âme : « Je suis touché des maux du grand nombre, *misereor super turbam* ». Et il s'est avancé de sang-froid vers l'épreuve suprême qu'il avait tant de fois pressentie, rempli de la ferme confiance que tous ses sacrifices porteraient leur fruit.

à des études profondes et sérieuses et aux travaux de l'enseignement. Les lettres, la médecine, le droit occupent successivement l'activité de cette intelligence infatigable et propre à tout s'assimiler. Ainsi préparé, il entre au barreau avec éclat, met son talent au service de toutes les causes patriotiques, et remporte des triomphes qui lui attirent les persécutions du gouvernement impopulaire de la Restauration.

Après la victoire des idées libérales en 1830, il occupe de hautes fonctions, d'abord auprès de son ami Dupont (de l'Eure), alors ministre, puis dans la magistrature, et il y apporte un esprit d'impartialité, de justice, de sage innovation et de noble indépendance, qui place dès lors son nom au nombre de ceux que l'opinion publique entoure d'une admiration respectueuse et de ses plus vives sympathies. Élu député, il affronte ensuite les luttes de la tribune et de la presse, et y figure avec quel retentissement, on le sait, comme champion du radicalisme le plus avancé.

Il succombe sous les coups d'un pouvoir infidèle à ses promesses, et proscrit, il élabore sur la terre d'exil un plan de réforme ayant pour objet d'opérer, sans secousse, sans violence, avec tous les ménagements que la prudence et le respect que tous les droits commandent, une transformation des institutions sociales qui doit, dans sa conviction, assurer un avenir de paix et de bonheur à l'humanité entière. Alors se révèle en lui le réformateur aux vues profondes, aux formes simples, aimables, qui rendent son langage et sa personne accessibles à tous; le novateur à l'esprit pratique surtout, au bon sens imperturbable et toujours sûr, que l'enthousiasme même du bien ne saurait égarer un seul instant dans la région des

chimères (1), qui tient compte des obstacles, qui ne heurte point brusquement les mœurs dominantes que personne ne connaissait mieux que lui, plein d'indulgence pour les hommes enfin, qu'il rappelle à la raison, qu'il invite à s'aimer, à s'unir dans la justice.

La propagation incessante de la vérité ne suffit pas à son ardent désir d'améliorer le présent, et de conjurer les malheurs qui menacent encore l'avenir. Il faut des actes à de telles convictions. Aucune considération ne l'arrête : ni son âge penchant déjà vers son déclin, ni la nécessité de s'expatrier et de se séparer d'une famille chérie; et pionnier sublime de la civilisation, il entreprend de réaliser avec une partie de ses disciples, sur cette terre d'Amérique, ouverte à tous les essais, une colonie destinée à devenir, si je puis m'exprimer ainsi, l'atelier de construction d'une société modèle.

Là, cette figure déjà si grande et si vénérable, se transforme encore et rayonne d'un plus vif éclat, car, dans cette situation nouvelle, retiré à l'écart, au milieu d'une nature neuve, consacré entièrement et sans partage à son œuvre de régénération, libre désormais de tout soin étranger, il rappelle inopinément à la pensée le type des patriarches des anciens âges : même simplicité d'existence, même caractère dans les travaux toujours dirigés vers des applications utiles, même élévation dans les sentiments. Chaque jour, il se rapproche du but désiré, et perfectionne l'édifice qu'il a élevé de ses mains pour

(1) Cette assertion semblera étrange aux hommes à courte vue, mais les esprits réfléchis qui nous liront jusqu'au bout, sentiront combien elle est fondée. Seulement, il faut savoir comprendre à quel but aspirait M. Cabet, pour juger son œuvre. Tout demeure obscur et mystérieux pour ceux dont le regard manque d'étendue.

en faire un sanctuaire de la fraternité universelle des hommes. Vers la fin, la préoccupation toujours croissante de l'idée morale, de la réforme de l'homme intérieur, comme condition indispensable de l'amélioration des institutions sociales, se montre prépondérante dans son esprit (1). C'est comme la lumière de l'auréole de l'apôtre qui resplendit sur ses cheveux blancs.

Quand survient la lutte suprême qui a brisé ses forces physiques sans abattre, ni même faire faiblir un seul instant son courage, il tient tête à l'orage avec calme; malgré la brutalité sans nom de ses adversaires, il élève constamment son âme au-dessus des pensées de violence et de colère; aucune agression ne peut troubler sa sérénité inaltérable, ni triompher de son invincible douceur. Epuisé enfin par tant de travaux et par tant d'épreuves, il couronne sa vie si méritante par cette glorieuse mort de martyr, qui a laissé une impression ineffaçable dans le souvenir des disciples restés fidèles qui se groupaient autour de lui, en ces moments solennels, abimés dans une douleur sans bornes, mais toujours fermes et inébranlables dans leurs espérances.

O puissance merveilleuse qu'un homme supérieur déploie pour le bien quand il y consacre entièrement et avec toute l'énergie dont il est capable, les nobles facultés qu'il a reçues comme un don de la Providence, pour devenir l'instrument de la félicité de ses semblables ! Quelle activité féconde, quelle flexibilité de talent, quelles ressources inépuisables d'invention et de génie n'admire-t-on pas en lui? A quel degré de perfection et de vertu ne

(1) De là, l'importance qu'il attribuait avec tant de raison, au *Cours icarien.*

le voit-on pas monter pour remplir sa mission ? Qu'y a-t-il qu'il ne puisse entreprendre et accomplir, animé qu'il est de cette foi irrésistible qui remue les montagnes? Les misérables calculs de l'ambition vulgaire qui n'aspire qu'à l'agrandissement et à la glorification de l'individu, au milieu des épreuves douloureuses que subit la société, paraissent bien vains et bien futiles, quand on les met en parallèle avec de tels dévoûments.

Puisse ce coup d'œil anticipé jeté sur la carrière que nous avons à parcourir, exciter l'intérêt du lecteur dont la pensée serait encore peu familiarisée avec notre sujet, et le disposer à suivre avec attention les phases du récit dans lequel nous allons entrer! Le nom de Cabet a retenti dans le monde entier, sans doute, mais l'esprit se trouve partagé entre des préoccupations si nombreuses et si variées, au sein de notre civilisation complexe, composée de tant d'éléments divers, qu'ils sont nécessairement encore en bien petit nombre, si l'on en exepte les Icariens, ceux qui ont étudié avec assez de réflexion, pour en démêler la signification réelle, les événements dont le tableau sera retracé dans cet écrit. Aussi le véritable caractère de Cabet n'est-il guère connu hors du cercle de ses disciples, de ses amis et des personnes qui ont été directement en rapport avec lui. Ici, comme en beaucoup d'autres circonstances, on peut dire avec raison: Ah! si les hommes savaient, que d'opinions seraient changées! Mais ils ignorent; ils ignorent profondément. Maintenant, il faut laisser parler les faits, ils seront assez éloquents par eux-mêmes et suppléeront, au besoin, à notre insuffisance.

CHAPITRE PREMIER.

_____

§ 1er — Des circonstances favorables ont préparé Cabet au rôle de réformateur.

C'est par la connaissance de l'enfance et de la jeunesse des hommes supérieurs que s'explique sans effort le mystère de l'action souveraine, irrésistible, qu'ils obtiennent sur la société de leur époque, et sur le mouvement indéfini de la civilisation.

Un heureux concours de circonstances singulièrement remarquables, semble avoir de bonne heure préparé Cabet à devenir l'apôtre prédestiné de la fraternité humaine.

Il faut voir dans ces influences favorables, une des principales sources de cette attraction morale si entraînante qui s'est attachée constamment à sa personne et à ses écrits, et a déterminé tant de milliers de ses semblables à s'avancer sur ses traces, et à marcher avec confiance dans la voie qu'il venait d'ouvrir, bien qu'elle fût encore hérissée d'obstacles; comme aussi de ce génie organisateur, qui rendra à jamais féconde la puissance qu'il a déployée et l'initiative qu'il a prise avec cette noble assurance et cette autorité particulière qui n'appartiennent qu'à ces grandes et fortes natures, appelées à guider les hommes vers la conquête de meilleures et de plus hautes destinées, et à leur ouvrir, par l'énergie d'une conviction indomptable, parce qu'elle a pour base des principes mûrement élaborés, les portes radieuses du mystérieux et riant avenir.

Cabet appartient à cette ancienne province de Bourgogne qui a produit un si grand nombre d'hommes d'un esprit élevé autant qu'étendu, d'une imagination à la fois forte et colorée, mais en même temps d'un grand sens, également propres à saisir les idées les plus générales et les applications de détail, témoins Bossuet et Buffon.

L'esprit bourguignon, plein de sève et de vigueur, se soumet pourtant volontiers aux exigences de la raison; d'ordinaire il ne s'affranchit ni de la sagesse ni de la mesure. Saisissant admirablement et avec facilité l'idéal sans perdre de vue le réel, il s'appuie sur le premier pour purifier et transformer le second; mais ce qui le caractérise par-dessus tout, c'est qu'il manifeste, en général, dans ses œuvres, beaucoup d'ampleur et de correction, une puissance supérieure et une grandeur imposante, souvent aussi un génie profondément humain, tout imprégné d'un sentiment de sympathie universelle. *La France n'a pas d'élément plus liant que la Bourgogne*, une douce sentimentalité est un des traits distinctifs de cet aimable pays, où les mœurs ont tant d'aménité, *où tout le monde s'appelle frère ou cousin* (1).

La ville natale de Cabet, Dijon, capitale de l'ancien duché de Bourgogne, est depuis des siècles, un des principaux foyers de la vie nationale, hors de Paris. Au temps où la science était le patrimoine à peu près exclusif du

----

(1) Voir dans le second volume de l'histoire de France de Michelet, une peinture saisissante du génie de cette contrée.

clergé, elle était peuplée ou entourée de monastères
florissants; la société féodale y fut brillante aussi; le
dernier duc de Bourgogne fut le dernier champion vraiment redoutable que l'ordre social du moyen-âge, menacé
dans son existence, opposa, quand sonna pour lui l'heure
de la lutte suprême, au pouvoir toujours envahissant de
la royauté. A des époques plus récentes, les États-généraux de la province et un parlement justement célèbre,
la Faculté de droit et même l'Académie, ce qui excitera
peut-être quelque étonnement, y entretinrent une activité intellectuelle incessante. Aussi a-t-elle été fertile en
illustrations de tout genre, et ce qui mérite d'être remarqué, c'est que depuis trois siècles on y trouve constamment quelque manifestation éminente des phases
par lesquelles passe l'esprit français.

Au XVIIe siècle, époque de retour aux idées catholiques,
après l'agitation féconde du XVIe siècle, on voit sortir
d'une famille parlementaire de Dijon, Bossuet, la plus
haute personnification de la religion officielle de ce
temps, la voix la plus éclatante du siècle, le docteur et
le verbe de l'orthodoxie catholique, alors dominante,
sous l'égide du pouvoir absolu de Louis XIV.

Au XVIIIe siècle, au moment où tous les esprits se
tournaient avec ardeur vers l'étude de la nature, une
autre famille parlementaire de la même ville produit
Buffon qui, des sommets de Montbard, fait rayonner son
influence dans tout le monde scientifique, et provoque
tant de patientes recherches, tant de travaux utiles, dont
il résume les résultats avec une vigueur et une élévation
de pensée égale à la majesté de la nature.

Et comme si ce n'était pas assez pour une ville d'un
tel présent fait à la France et au monde, le XVIIIe siècle

ayant surtout en vue, dans son œuvre gigantesque,
l'homme et la société humaine, bien plus encore que la
nature; l'Académie de Dijon se ménage une gloire bien
rare pour les académies, en ouvrant la carrière des lettres
à un des plus hardis et des plus forts génies qui y soient
jamais entrés, à un philosophe en faveur de qui on peut
revendiquer, à juste titre, le magnifique éloge que Vol-
taire adresse à Montesquieu : *L'humanité avait perdu ses
titres ; il les a retrouvés; et les lui a rendus.* Le lecteur
a déjà nommé Jean-Jacques Rousseau. Les programmes
de l'Académie de Dijon, expression remarquable des idées
de l'époque, apprirent, en effet, à Rousseau le secret de
son génie (1), et la couronne qu'elle lui décerna inspira

(1) A un petit nombre d'années d'intervalle, cette académie mit successivement au concours deux questions qui ouvraient le champ aux
recherches les plus sérieuses. La première fut posée en 1749 : *Le progrès
des sciences et des arts a-t-il contribué à corrompre ou à épurer
les mœurs?* La seconde en 1753 : *De l'origine et des fondements de
l'inégalité parmi les hommes?*

A la lecture du premier de ces programmes, une grande lumière se
fit tout à coup dans l'esprit de Rousseau. Il entrevit la solution des
grands problèmes qui troublaient son cœur et tenaient son esprit incer-
tain. Voici le récit qu'il a tracé lui-même de la transformation vraiment
extraordinaire qui s'opéra alors en lui.

« J'allais voir Diderot, alors prisonnier à Vincennes : j'avais dans ma
poche un *Mercure de France*, que je me mis à feuilleter le long du
chemin. Je tombe sur la question de l'Académie de Dijon, qui a donné
lieu à mon premier écrit. Si jamais quelque chose a ressemblé à une
inspiration subite, c'est le mouvement qui se fit en moi à cette lecture :
tout à coup je me sens l'esprit ébloui de mille lumières ; des foules d'i-
dées vives s'y présentent à la fois avec une force et une confusion qui me
jeta dans un trouble inexprimable ; je sens ma tête prise par un étour-
dissement semblable à l'ivresse : Une violente palpitation m'oppresse,
soulève ma poitrine; ne pouvant plus respirer en marchant, je me laisse
tomber sous un des arbres de l'avenue, et j'y passe une demi-heure dans

à ce penseur alors ignoré, la noble confiance qui fit de lui, au XVIIIᵉ siècle, l'apôtre de l'égalité humaine, et le prophète d'une religion fondée sur les lumières naturelles, et dégagée de tout élément superstitieux ou idolâtrique.

Enfin, au XIXᵉ siècle, époque possédée d'un noble désir, qui constitue le caractère honorable de notre temps, et qui, en présence de Dieu dans le sanctuaire de la conscience, préoccupe toutes les âmes d'élite sans distinction, on peut le dire, de classes, de sectes ou même de partis ; le désir d'alléger ou même de guérir

une telle agitation, qu'en me relevant j'aperçus tout le devant de ma veste mouillé de mes larmes, sans avoir senti que j'en répandais. O monsieur ! si j'avais jamais pu écrire le quart de ce que j'ai vu et senti sous cet arbre, avec quelle clarté j'aurais fait voir toutes les contradictions du système social ; avec quelle force j'aurais exposé tous les abus de nos institutions ; avec quelle simplicité j'aurais démontré que l'homme est bon naturellement, et que c'est par ses institutions seules que les hommes deviennent méchants ! Tout ce que j'ai pu retenir de ces foules de grandes vérités qui dans un quart d'heure m'illuminèrent sous cet arbre, a été bien faiblement épars dans les trois principaux de mes écrits ; savoir ce premier Discours, celui sur l'Inégalité et le Traité de l'éducation ; lesquels trois ouvrages sont inséparables, et forment ensemble un même tout. Tout le reste a été perdu, et il n'y eut d'écrit sur le lieu même que la prosopopée de Fabricius. Voilà comment, lorsque j'y pensais le moins, je devins auteur presque malgré moi. Il est aisé de concevoir comment l'attrait d'un premier succès et les critiques des barbouilleurs me jetèrent tout de bon dans la carrière. Avais-je quelque vrai talent pour écrire ? Je ne sais. Une vive persuasion m'a toujours tenu lieu d'éloquence, et j'ai toujours écrit lâchement et mal quand je n'ai pas été fortement persuadé : aussi c'est peut-être un retour caché d'amour-propre qui m'a fait choisir et mériter ma devise (consacrer sa vie au service de la vérité), et m'a si passionnément attaché à la vérité ou à tout ce que j'ai pris pour elle. Si je n'avais écrit que pour écrire, je suis convaincu qu'on ne m'aurait jamais lu. » (Voir les *quatre Lettres à M. de Malesherbes*, 2ᵉ Lettre).

« L'année suivante, 1750, comme je ne songeais plus à mon *Discours*,

radicalement les maux auxquels les classes laborieuses
sont sans cesse exposées, avec des recrudescences pério-
diques et fatales; Dijon fournit encore Cabet, en qui
cette aspiration sacrée en faveur de l'humanité souffrante
a trouvé un représentant si éminent et si pur, un inter-
prète sincère, dévoué, doué d'un grand esprit de suite,
d'une intelligence vive et facile, dont la parole régéné-
ratrice s'est fait entendre sur les deux rives opposées de
l'Atlantique, et a pénétré de son souffle vivifiant l'ancien
continent et la jeune Amérique.

J'appris qu'il avait remporté le prix à Dijon. Cette nouvelle réveilla toutes
les idées qui me l'avaient dicté, les anima d'une nouvelle force, et acheva
de mettre en fermentation dans mon cœur ce premier levain d'héroïsme
et de vertu que mon père et ma patrie, et Plutarque, y avaient mis dans
mon enfance. Je ne trouvai plus rien de grand et de beau que d'être
libre et vertueux, au-dessus de la fortune et de l'opinion, et de se suffire
à soi-même. Quoique la mauvaise honte et la crainte des sifflets m'em-
pêchassent de me conduire d'abord sur ces principes et de rompre brusquement en visière aux maximes de mon siècle, j'en eus dès lors la
volonté décidée, et je ne tardai à l'exécuter qu'autant de temps qu'il en
fallait aux contradictions pour l'irriter et la rendre triomphante. »
(Voir *les Confessions.*)

Le discours de Rousseau sur la seconde question, composé avec le plus
grand soin, contenait de telles hardiesses, et s'élevait avec tant de vigueur
contre les vices invétérés de la vieille organisation sociale, qu'il ne put
obtenir les honneurs académiques.

« Il avait été fait, dit l'auteur, pour concourir au prix : Je l'envoyai
donc, mais sûr d'avance qu'il ne l'aurait pas, et sachant bien que ce n'est
pas pour des pièces de cette étoffe que sont fondés les prix des académies. » (Voir *les Confessions.*)

§ II. — Enfance et éducation de Cabet.

Étienne Cabet naquit le 1er janvier 1788, au milieu de l'élan moral qui annonçait la grande ère de la Révolution française et l'avénement d'une société nouvelle, à la veille de la convocation de ces États-Généraux qui devaient devenir la Constituante.

Fils d'un ouvrier, mais appartenant à une famille qui jouissait d'assez d'aisance pour veiller avec soin sur son éducation, et le préserver des conséquences si funestes d'un travail manuel prématuré et excessif ; formé par un père partisan des idées de la révolution, bien placé pour observer la classe ouvrière, ayant très jeune encore accès dans les autres classes, pouvant ainsi sympathiser avec toutes les conditions de la société ; exercé de bonne heure aux travaux du corps et de l'intelligence; animé dès son enfance d'un esprit de dévouement extraordinaire qui le portait à s'intéresser toujours de préférence à ceux qui souffrent ; tout semblait l'appeler à l'accomplissement de la sublime mission qu'il a remplie. Dans sa longue carrière, point d'années perdues, toujours un but noble, élevé, devant lui, sans écarts, sans tâtonnements. Aussi sa vie présente-t-elle un admirable progrès, et, dans les actions aussi bien que dans les principes une unité fort rare de nos jours. C'est bien lui qui aurait pu dire à plus juste titre que M. de Châteaubriand : « Les grandes lignes de mon existence » n'ont jamais fléchi. »

Son père, maître tonnelier à Dijon, possédait une petite fortune, fruit honorable de son travail; connu et estimé pour la sincérité de ses opinions républicaines, il éleva ses enfants, ses quatre fils, dans les sentiments d'amour de la patrie et de la liberté qui furent toujours sacrés pour lui.

Étienne Cabet était le second de ces quatre fils. Son père le destinait d'abord à l'état qu'il exerçait lui-même; et aussitôt que l'enfant eut assez de force pour se servir des outils, dès l'âge de huit ans, il le fit constamment travailler avec lui dans son atelier, pendant les heures qui n'étaient pas réservées à ses premières études. C'est ainsi que Franklin, ce bienfaisant génie, à dix ans, aidait déjà à son père dans la fabrication du savon et de la chandelle (1).

Mais bientôt le jeune Étienne montrait de la passion pour la lecture, tant de dispositions et d'ardeur pour les labeurs intellectuels, que ses parents, d'après le conseil des professeurs, se décidèrent à l'envoyer suivre les cours de l'école centrale de Dijon (2). Là, ses progrès furent rapides, car le dernier à la première composition, il fut le premier trois mois après. Il fit un cours de latinité en deux années, sous le célèbre Jacotot, qui ne tarda pas à le distinguer et à le prendre en amitié. Auprès de ce philosophe, réformateur en matière d'enseignement, l'enfant puisa des inspirations qui combattaient l'esprit de routine et appelaient des améliorations radicales (3). Cabet a déclaré plus tard que la mé-

---

(1) « Me voilà donc coupant les mèches, remplissant les moules, tenant le comptoir et faisant des courses. » (FRANKLIN, *Mémoires*).

(2) A cette époque, l'enseignement des écoles centrales tenait lieu de celui des lycées et des colléges d'aujourd'hui.

(3) Quoique nous ne puissions pas ici porter un jugement sur l'œuvre de Jacotot, ni même en donner un aperçu complet, il ne sera pas inu-

thode analytique de Jacotot lui a toujours servi de guide. Cet enseignement a dû aussi développer en lui une tendance morale qui s'est plus particulièrement manifestée, lorsque ne se bornant plus à l'action politique, il a provoqué, par les voies pacifiques, une transformation de la société. Le *Télémaque* est un des livres que Jacotot

tile d'en indiquer la tendance générale et le caractère, pour qu'on soit mieux en état de comprendre comment ce maître habile a déposé dans l'intelligence d'un élève d'élite et de prédilection, des germes que l'avenir devait féconder.

Jacotot est l'inventeur d'une nouvelle méthode d'enseignement qu'il expose plus tard dans un grand nombre d'ouvrages, et qui était destinée, dans sa pensée, à *émanciper les intelligences*, surtout dans les familles peu aisées. Selon lui, tout homme, tout enfant même est capable de s'instruire seul et sans maître. Que faut-il pour que l'ignorant arrive à s'instruire ainsi ? Il suffit qu'il apprenne quelque chose et qu'il y rapporte tout le reste. Le rôle du maître doit se borner à diriger l'attention de l'élève. Ce rôle, tout père de famille peut le remplir, il n'est besoin pour faire acquérir de l'instruction à ses enfants ni d'argent, ni de temps, ni même de science. Ce système est applicable à tout genre d'étude, c'est la méthode de l'*enseignement universel*. Jacotot écarte donc l'ancienne méthode qu'il appelle plaisamment la *vieille*, et proscrit les *maîtres explicateurs*. Il proclamait comme bases de sa doctrine, plusieurs maximes à la forme paradoxale, qui ont suscité des discussions fort vives : *Toutes les intelligences sont égales ; qui veut peut: on peut enseigner ce qu'on ignore ; tout est dans tout*, etc.

A ses yeux, la plus importante de ces maximes (et elle sert de fondement à toute sa méthode) c'est celle de l'égalité des intelligences, qu'il ne donne pas, cependant, comme une vérité, mais seulement comme une opinion.

« Je vous dis que je crois que tous les hommes ont une intelligence
» égale ; je parle en ce moment de l'utilité de cette opinion et du dan-
» ger de la maxime contraire dans l'instruction. Pour quelques enfants
» que vous élevez en flattant leur orgueil, vous en sacrifiez mille qui
» les valent bien. J'ai toujours vu dans nos établissements les succès en
» rapport avec l'attention. Jamais un jeune homme attentif n'a été

mettait le plus volontiers entre les mains des élèves,
pour leurs exercices ; et cet ouvrage, si justement ad-
miré, contient une foule de passages où sont exprimés
des principes dont Cabet est devenu l'apôtre persévé-
rant (1). Il en est même un qu'il importe de reproduire
ici, pour montrer combien l'analogie est frappante sous
ce rapport entre Fénélon et Cabet. Voici la peinture des
mœurs des habitants de la Bétique, d'après l'auteur de
Télémaque (2) :

« Comme ils ne faisaient aucun commerce au dehors,
» ils n'avaient besoin d'aucune monnaie... Ils vivent
» tous ensemble sans partager les terres... Ils sont
» tous libres et tous égaux. On ne voit parmi eux
» aucune distinction, que celle qui vient de l'expé-
» rience des sages vieillards, ou de la sagesse extraor-
» dinaire de quelques jeunes hommes qui égalent les
» vieillards consommés en vertu. La fraude, la vio-

• trouvé incapable. Aucune expérience n'a démenti ce fait toujours
• constant : le succès est un fait toujours accompagné du fait de l'at-
• tention. »

Jacotot concluait qu'il fallait toujours procéder dans l'enseignement,
comme si toutes les intelligences étaient égales.

Sa méthode a eu beaucoup de détracteurs; mais on ne peut s'empêcher
de reconnaître qu'elle permet d'obtenir avec moins de frais, des résultats plus rapides que les procédés habituellement suivis; et, en outre,
elle a l'avantage de donner plus d'indépendance à l'esprit des élèves, en
les habituant à se rendre compte de tout par eux-mêmes.

(1) La lecture des écrits de M. Cabet m'avait fait soupçonner que le *Télémaque* devait être au nombre de ses livres préférés. Ayant eu occasion
de communiquer cette idée à sa fille, madame Favard me répondit que je
ne me trompais pas, que son père aimait beaucoup cet ouvrage, qu'il lui
en faisait apprendre et réciter des morceaux dans son enfance et qu'il
attachait beaucoup de prix à ce qu'elle les sût bien.

(2) *Télémaque*, livre VII.

» lence, la paresse, les procès, les guerres ne font
» jamais entendre leur voix cruelle et emportée dans
» ce pays chéri des dieux. Jamais le sang humain n'a
» rougi cette terre ; à peine y voit-on couler celui des
» agneaux. Quand on parle à ces peuples des batailles
» sanglantes, des rapides conquêtes, des renversements
» d'états qu'on voit dans les autres nations, ils ne
» peuvent assez s'étonner. Quoi ! disent-ils, les hommes
» ne sont-ils pas assez mortels sans se donner encore
» les uns aux autres une mort précipitée ? La vie est si
» courte ! et il semble qu'elle leur paraisse trop lon-
» gue ! sont-ils sur la terre pour se déchirer les uns les
» autres, et pour se rendre mutuellement malheureux ?

» Après qu'Adoam eut fait cette description de la
» Bétique, Télémaque, charmé, lui fit diverses ques-
» tions curieuses. Ces peuples, dit-il, boivent-ils du
» vin ? Ils n'ont garde d'en boire, reprit Adoam, car ils
» n'ont jamais voulu en faire. Ce n'est pas qu'ils man-
» quent de raisins ; aucune terre n'en porte de plus
» délicieux ; mais ils se contentent de manger le raisin
» comme les autres fruits, et ils craignent le vin
» comme le corrupteur des hommes. C'est une espèce
» de poison, disent-ils, qui met en fureur, il ne fait pas
» mourir l'homme, mais il le rend bête. Les hommes
» peuvent conserver leur santé et leur force sans vin,
» avec le vin, ils courent risque de ruiner leur santé et
» de perdre les bonnes mœurs.

Télémaque disait ensuite : Je voudrais bien savoir
» quelles lois règlent les mariages dans cette nation.
» Chaque homme, répondait Adoam, ne peut avoir
» qu'une femme, et il faut qu'il la garde tant qu'elle vit.
» L'honneur des hommes en ce pays, dépend autant

» de leur fidélité à l'égard de leurs femmes, que l'hon-
» neur des femmes dépend chez les autres peuples de
» leur fidélité pour leurs maris. Jamais peuple ne fut si
» honnète ni si jaloux de sa pureté. Les femmes y sont
» belles et agréables, mais simples, modestes et labo-
» rieuses, les mariages y sont paisibles, féconds, sans
» tache. Le mari et la femme semblent n'ètre plus
» qu'une seule personne en deux corps différents. »

De pareilles pensées ont dù laisser des traces profondes dans l'esprit du jeune Cabet. Un mot encore à
propos de ce fragment. Qui parle ainsi? Un grand seigneur du siècle monarchique par excellence, un arche-
vêque, le précepteur de l'héritier du souverain que par
une sorte d'idolàtrie on a appelé le grand roi. Il est vrai
que Louis XIV a dit à la suite d'une conversation avec
l'auteur de Télémaque : « je viens de m'entretenir avec
» le plus bel esprit et le plus chimérique de mon
» royaume ». Mais l'avenir décidera, si déjà il n'a décidé, quel est celui qui poursuivait des chimères, du
roi absolu ou du philosophe chrétien.

Maintenant que l'on prétende, si l'on veut, que
le principe de la communauté des biens est matérialiste ;
mais on nous permettra de trouver, à notre tour, cette
prétention un peu bizarre de la part de gens qui admi-
rent Fénelon et l'Évangile. Nous conseillons à ceux qui
se scandalisent si facilement de retirer le *Télémaque*
d'entre les mains de leurs enfants. Car, on le voit, s'il
fallait en juger d'après leurs préjugés, ce livre contien-
drait de bien dangereuses utopies.

A l'époque dont nous nous occupons, il se passa un
fait des plus graves dans le développement moral du
jeune Cabet. Il se trouva, pendant quelque temps, sous

l'influence d'une grande exaltation religieuse, produite chez lui par les enseignements superstitieux qu'on lui avait donnés, et bientôt après ses idées subirent une transformation complète, et prirent un cours plus rationnel. Ce fait, il l'a raconté lui-même dans le *Voyage en Icarie*, quand il traite de la religion. William, adepte des doctrines étroites de l'Église anglicane, et aveuglé par l'esprit de secte, critique la religion d'Icarie, qui ne relève que de la raison, et traite les Français d'impies. Eugène repousse ses attaques, et Eugène, dans ce passage, c'est Cabet lui-même. Donnons-lui la parole (1) :

« Le pauvre William ne se doute guère, dis-je alors,
» que celui qu'il damne si facilement a été presque fou
» de dévotion dans sa jeunesse. Voici comment :

» J'avais treize ans lorsqu'un respectable curé, qui
» m'avait pris en affection et qui désirait faire de moi
» un prêtre, m'endoctrina à tel point qu'il me persuada
» que Dieu avait toujours l'*œil ouvert*, qu'il voyait tout,
» qu'on ne pouvait rien faire sans son appui, qu'on
» obtenait son aide en l'invoquant sincèrement, et que
» toutes les privations qu'on s'imposait pour lui plaire
» lui étaient agréables. Je le croyais dans toute la pu-
» reté de mon âme ; j'étais le plus innocent et le plus
» fervent parmi les pieux et les croyants : voici main-
» tenant les conséquences ! Écoutez bien, William !

» Il me semblait, en tout temps et partout, voir l'œil
» de Dieu, un *œil immense* ouvert et fixé sur moi ; je
» voyais avec terreur cet œil au haut du ciel ; or je
» n'aurais pas fait, même dans les ténèbres, la moin-
» dre action qu'il pût condamner.... Quand j'allais au

(1) *Voyage en Icarie*, Chapitre XXXVII.

» collége, persuadé que je ne pourrais pas faire une
» bonne *composition* sans son aide, je lui adressais ma
» prère avec confiance et faisais d'abord le *signe de*
» *croix*, de manière qu'on ne s'en aperçût pas, en
» mettant un intervalle considérable entre les quatre
» poses de la main, mais je l'aurais fait ostensiblement
» si je l'avais cru nécessaire... En revenant de la pro-
» menade affamé, si j'avais l'idée que je lui serais
» agréable en me privant d'un mets qui me faisait
» grand plaisir, je m'en privais avec bonheur ; et si je
» me surprenais arrêtant complaisamment mes regards
» sur une jeune fille, je faisais vite le signe de croix
» pour invoquer l'assistance divine contre l'esprit ten-
» tateur.

» — Et comment êtes-vous sorti de là? me demanda
» Valmor. — Une seule conversation avec un bon vieil-
» lard, père d'un de mes camarades d'école, me fit
» faire des réflexions qui me guérirent de ma folie (car
» j'étais ou j'allais devenir fou) : je priai d'abord Dieu
» dans toute la ferveur de mon âme, je le conjurai à
» genoux, je le suppliai à mains jointes de me faire
» connaître la vérité par un signe quelconque, par un
» clin d'œil, par exemple, lui promettant que je lui
» consacrerais tous les jours et tous les instants de ma
» vie, et que je me précipiterais sans hésiter dans les
» flammes s'il l'ordonnait...

» Je lui disais même, je m'en souviens : « O mon
» Dieu, Dieu tout-puissant, Dieu infiniment bon, mon-
» tre-toi une fois encore à toute la terre, comme on dit
» que tu t'es montré à Moïse ! Montre-toi, parle du haut
» des cieux, ordonne ! et tous les hommes, tous sans
» exception, j'en suis sûr, se prosterneront comme moi

» et t'obéiront comme moi ; et le genre humain qui
» court à des supplices éternels sera sauvé !.... Dieu
» tout-puissant, Dieu bon, Dieu juste, Dieu clément,
» Dieu notre père, parle, montre-toi, sauve tes en-
» fants !!! »

» — Et puis? dit Valmor. — Mais mon *grand œil* ne
» fit pas le moindre clignotement, et je cessai de croire,
» sans que ma conscience conservât la plus légère in-
» quiétude. »

N'est-ce pas là une fermeté morale admirable dans
un enfant? On voit déjà dans ce fait resté ignoré, la
force d'un esprit supérieur qui se porte avec ardeur,
dès ses premières années, vers tout ce qui est élevé,
mais prompt aussi à démêler le vrai du faux, à séparer la
fable de la vérité. Car lorsque Cabet déclare qu'il cessa
de croire, il n'entend point dire qu'il renonça à l'idée de
Dieu, mais aux représentations puériles que l'imagination s'en est forgées, aux superstitions et au fanatisme
qui prétendent prendre pour fondement cette grande
pensée entièrement défigurée. C'est ce qui ressort de
l'ensemble même de la conversation entre Valmor,
Eugène et William. Voici comment elle se termine. A
propos des Anglais, et en répondant toujours à William, Eugène continue en ces termes :

« Que dis-je *dévots* ! c'est *bigots* et superstitieux que
» je dois dire ! car cette foule de sectes diverses,
» ces puériles pratiques auxquelles on met tant d'im-
» portance ne sont-elles pas indignes d'un *peuple*
» *d'hommes ?* »

» ..... A vos plus charitables dévots, je dirais :
« vous êtes simples dans vos vêtements, vos logements,
» vos aliments ; bien ! Vous êtes bons envers vos fem-

» mes, vos enfants, vos domestiques, vos co-religion-
» naires ; très bien ! Mais vous êtes riches et il y a des
» pauvres ; vous avez du superflu, tandis que des mil-
» lions de vos frères n'ont ni vêtement, ni pain !.... Si
» vous croyez à Jésus-Christ, *réduisez-vous au néces-*
» *saire,* étendez le cercle de vos aumônes, *donnez tout*
» *votre superflu*, et vous aurez pour récompense l'inef-
» fable bonheur de plaire à Dieu et de multiplier à l'in-
» fini vos bienfaits en multipliant vos imitateurs !...
» Mais, sourds à la voix de Jésus-Christ, vous conser-
» vez le superflu ! Eh bien ! alors vous n'êtes pas *Chré-*
» *tiens !* »

» Du reste, William, *la nation la plus religieuse doit*
» *être la plus vertueuse et la plus heureuse* : hé bien,
» avec votre religion ou votre bigoterie et votre Bible,
» vos tribunaux ont-ils moins de crimes à punir que
» ceux de vos voisins? Vos enfants ont-ils plus de piété
» filiale? Vos femmes sont-elles plus sages, vos hommes
» plus vertueux, votre peuple plus heureux?

» Vous n'oseriez pas le soutenir, William, par consé-
» quent ne nous parlez plus jamais de la piété des An-
» glais et de l'irréligion des Français!

» Mais c'est des Icariens que nous devrions parler,
» et je vous demande pardon, Messieurs, d'avoir si
» longtemps répondu à la provocation de notre ami; et
» puisqu'il critiquait aussi la religion d'Icarie, j'aurais
» dû me borner à lui dire :

» Vous, milord, qui avez beaucoup voyagé, dans quel
» pays avez-vous vu des parents aussi tendres pour
» leurs enfants, des enfants aussi respectueux et dévoués
» pour leurs parents, des filles aussi sages, des époux
» aussi fidèles, un gouvernement aussi paternel, des

» citoyens aussi libres, si peu de crimes, tant de fra-
» ternité, tant de vertus et tant de bonheur, enfin des
» prêtres si vénérables et si vénérés? Dans quel pays
» avez-vous vu l'homme répondre aussi bien aux bien-
» veillantes intentions du Créateur et faire un aussi
» bon usage de cette sublime et divine *raison* que la Pro-
» vidence lui a donnée comme un inépuisable trésor de
» perfection et de félicité? Sous quelle religion avez-
» vous vu un peuple aussi heureux, aussi avancé dans
» la carrière sans limite du perfectionnement , ayant
» aussi peu de reproches à faire à la nature et autant de
» reconnaissance à lui témoigner pour ses innombra-
» bles bienfaits? Citez-moi une seule nation qui sache
» aussi bien apprécier et admirer les merveilles de la
» Création et de l'Univers, aussi bien adorer Dieu dans
» ses magnifiques ouvrages, aussi bien reconnaître *sa*
» *justice et sa bonté,* aussi bien l'honorer et lui présen-
» ter un aussi digne hommage en imitant ce *Père com-*
» *mun* du genre humain dans son *amour* pour tous ses
» enfants?... Avouez le donc, proclamez-le, mon cher
» milord, la religion d'Icarie est la plus parfaite de
» toutes les religions!! »

Voilà comment Cabet savait séparer le bon grain de
l'ivraie, et, à la fausse religion opposer la véritable. Il
n'ignorait pas que l'amour du *Commun Père* dispose à
aimer tous ses enfants. L'amour de Dieu et de nos semblables, voilà la base de la religion d'Icarie. La culture
commencée dès l'enfance de ces sentiments élevés, qui
furent soumis si tôt par sa raison précoce, à une direction philosophique, a dû contribuer à former en lui cet
esprit de fraternité, cette bonté aimable et cette recti-
tude de conscience qui l'ont toujours distingué.

§ 3. — Cabet étudiant, maître d'étude et professeur.

Lors de la création du lycée de Dijon, M. Jacotot, chargé de le diriger, voulut avoir Cabet auprès de lui, en qualité de maître d'étude et de professeur. Celui-ci venait à peine d'accomplir sa quatorzième année, et on lui confia soixante élèves, dont quelques-uns, comme le maréchal Vaillant, sont depuis devenus célèbres.

Son goût pour l'étude se transforma alors en une véritable passion. Tout occupé de la pensée d'approfondir les connaissances qu'il possédait déjà, et d'en acquérir de nouvelles, après avoir enseigné le jour, il prenait sur son sommeil le temps qu'il consacrait à sa propre instruction, et passait souvent ses nuits entières sur ses livres, dans des veilles fécondes. On le voyait, même au milieu des rigueurs de l'hiver, poursuivre ainsi son noble but avec persévérance, et se livrer à ses labeurs intellectuels, enveloppé dans une couverture. Cette ardeur au travail, cette application soutenue furent poussées si loin qu'elles mettaient sa santé en péril ; et M. Jacotot fut obligé d'intervenir, comme supérieur et comme ami, pour modérer ce généreux entraînement, qui pouvait devenir fatal au jeune professeur. Tant d'efforts devaient être couronnés de succès. Aussi pendant les trois années qu'il passa dans cette situation, Cabet fit-il de grands progrès dans les lettres et dans les sciences, et même dans les arts d'agrément ! On remarqua surtout son aptitude particulière pour la science astronomique, et son habileté dans les arts du dessin.

Il ne montrait pas moins de capacité pour diriger ceux qui étaient commis à ses soins et placés sous sa surveillance. Il surprenait ses élèves au milieu de leurs équipées et les reprenait avec gravité, malgré son extrême jeunesse qui rendait sa mission plus difficile. Parmi eux un grand nombre étaient de son âge, et plusieurs se trouvaient plus âgés que lui. Ce qui soutenait son zèle dans l'accomplissement de ses fonctions, indépendamment de l'amour du devoir qui fut toujours l'inspiration et la règle de sa vie, c'est qu'il ne connaissait rien de plus beau, surtout dans la période de transformation où nous vivons, que de se vouer à l'éducation de la jeunesse. Il était profondément convaincu qu'il ne saurait y avoir d'œuvre plus grande et plus sainte que de former des hommes et des citoyens, et le professorat lui apparaissait comme un auguste sacerdoce. Mais bientôt le despotisme universitaire détruisit ses rêves sur l'éducation publique ; et, songeant à l'indépendance de ses opinions et de son caractère, il comprit que l'enseignement ne pouvait être pour lui qu'une carrière provisoire.

Conduit ainsi à choisir une autre profession, il se décida d'abord pour la médecine, plein d'admiration pour l'art de soulager et de guérir l'humanité. Aussitôt il se mit à l'œuvre avec son énergie ordinaire, et dévora beaucoup de livres, mais il ne tarda pas à reconnaître que l'exiguïté de ses ressources devenait un obstacle insurmontable à ses desseins, et que sa situation de fortune ne lui permettait pas de poursuivre les longues et dispendieuses études qu'exige la science médicale.

Il résolut alors d'étudier la législation, pour être en même temps professeur de droit et avocat, excité par l'espérance de faire triompher la vérité et la justice, en se consacrant à la défense de l'opprimé. Ici encore une grande difficulté se présenta : quand il voulut communiquer son projet à M. Jacotot, proviseur du lycée, et obtenir son agrément, celui-ci lui répondit qu'il ne pouvait accueillir sa demande, parce que les études qu'il désirait commencer lui feraient négliger ses élèves. On était à la veille des vacances. En partant, Cabet offrit sa démission, mais la veille de la rentéee, M. Jacotot l'informa par lettre qu'il ne l'avait point remplacé, qu'il comptait sur lui et l'autorisait à faire ses études de droit. En facilitant à un jeune homme qui montrait déjà un rare mérite, l'accès d'une carrière honorable, le proviseur du lycée de Dijon accomplissait un acte de raison et de bienveillance qui est digne d'être imité.

Les fonctions que Cabet remplissait dans l'enseignement, ne lui laissant pas le loisir nécessaire pour suivre les cours de la faculté, il ne dut compter que sur ses propres forces pour s'initier à la connaissance des lois; et peut-être cette circonstance qui aurait arrêté un caractère moins ferme, fut-elle heureuse pour un esprit doué d'une telle activité. Elle l'obligea à de plus grands efforts, elle le contraignit à déployer une plus grande puissance de réflexion et de pensée, et d'ailleurs l'on sait toujours beaucoup mieux ce que l'on apprend sans secours étranger. Aussi surmonta-t-il aisément cet obstacle, il s'assimila les codes et les commentaires avec facilité, et passa tous ses examens avec honneur.

Reçu licencié le 29 janvier 1810, il quitta le lycée pour se préparer à la plaidoirie, avec les économies que a vie la plus simple et la plus régulière, lui avait permis de réaliser, sur les minimes appointements de quelques

années. Il se lia d'une manière tout à fait intime avec
le doyen de la faculté de droit, M. Proudhon, un des
professeurs les plus savants et les plus habiles que pos-
sédât la France. M. Proudhon qui désirait, disait-il, en
faire un de ses disciples, le logea dans sa propre demeure, dans l'ancienne rue du Vieux-Marché, qui porte
aujourd'hui le nom de ce célèbre jurisconsulte. Il l'ad-
mit dans son cabinet, où, dans la suite il aimait à le
former, à discuter chaque jour avec lui les questions
les plus importantes, lui ouvrant avec une libéralité
pleine de noblesse, tous les trésors de science et d'expérience qu'il avait lentement accumulés. En un mot,
il l'honora d'une amitié presque paternelle, pour employer les expressions que la reconnaissance a dictées
au disciple.

Le jeune homme, d'après ses conseils, étudia encore
trois ans, avant de débuter au barreau, et de s'abandonner exclusivement à la pratique. Son maître lui disait
toujours qu'il n'est plus possible de se livrer à l'étude,
quand une fois on est emporté par le torrent des affaires. C'est pendant cette période que Cabet passa docteur le 1er mai 1812.

Il avait alors vingt-quatre ans. Sa laborieuse jeunesse,
comme celle de beaucoup d'hommes célèbres et de la
plupart des grands réformateurs, n'est point fertile en
événements. Les hommes supérieurs éprouvent le besoin, avant de se précipiter dans le tourbillon de la vie
active, de s'exercer à l'écart, d'essayer et de développer
longtemps leurs facultés. Ils travaillent d'abord sur eux-
mêmes pour porter au plus haut degré de développement
toutes les énergies dont ils disposent, pour assouplir et

discipliner toutes les puissances dont ils sont doués.
Ils accroissent ainsi l'efficacité des forces vives qui
s'agitent d'abord en eux comme en un chaos, et leur
premier titre à la grandeur consiste à les régler. Puis
ils révèlent tout à coup avec éclat, les ressources
inépuisables qu'ils possèdent, quand arrive l'heure de les
appliquer à des œuvres dignes de leurs efforts.

Mais si la jeunesse de Cabet s'écoula dans le silence
et le recueillement des écoles et du cabinet, des
qualités éminentes la distinguaient cependant déjà ; une
persévérance admirable dans les labeurs de l'esprit, de
brillants succès dans l'étude, un sentiment noble et
vraiment humain qui lui faisait considérer chacune des
carrières qu'il abordait sous le point de vue le plus
élevé et dans son rapport avec les besoins généraux de
la Société, l'habitude de se rendre toujours attentif aux
inspirations les plus pures de la conscience, une raison
précoce et d'une netteté remarquable, beaucoup de fermeté et de décision dans les circonstances difficiles. Ce
sont là des dons que bien peu réunissent dès leur entrée dans le monde, et qui contenaient de magnifiques
promesses pour l'avenir. On l'a dit : les hommes forts se
fabriquent dans les fortes études, nous ajouterons : et
dans les méditations mûrement élaborées. A deux époques de sa vie surtout, Cabet s'est voué tout entier à la
culture de la pensée, d'abord pendant sa jeunesse jusqu'à son entrée au barreau, et, plus tard, sur la terre
d'exil, lorsque, inspiré par son amour pour ses semblables, il recueillait, dans des lectures assidues, les plus
hauts enseignements de la philosophie et de l'histoire,
dans l'espoir de découvrir un remède aux maux qui accablent l'humanité.

CHAPITRE II.

CABET AVOCAT.

**Son brillant début. — Sa première interdiction pour cause politique
à la suite des événements de 1815.**

Après avoir pris le titre de docteur, Cabet se décida
à entrer au barreau. La profession d'avocat, trop souvent déconsidérée par de cupides praticiens qui ne connaissent d'autre mobile qu'un sordide intérêt, mérite
tout respect et toute estime quand elle est exercée avec
probité et désintéressement. L'avocat protége de sa parole la fortune, la vie et l'honneur des citoyens, il est
le défenseur du faible et de l'opprimé, il lave l'innocence d'accusations iniques, il fait éclater la vérité dans
les causes les plus obscures, et assure le triomphe de la
justice. Il s'expose lui-même à l'animadversion du pouvoir et des particuliers pour accomplir sa mission quelquefois si difficile. C'est de cette manière si honorable que
Cabet comprenait sa nouvelle fonction. Il l'abordait avec
le sentiment profond de grands devoirs à remplir. Son
début le plaça parmi les premiers avocats du barreau de
Dijon. Il se recommandait déjà d'ailleurs par la persévérance et le sérieux de ses études, la maturité de son
esprit, et l'amitié d'hommes considérables comme
MM. Jacotot et Proudhon. Nous ne nous proposons pas

de dérouler à nos lecteurs le tableau minutieux de tous les travaux de M. Cabet dans sa carrière d'avocat; il y aurait là matière à un livre spécial, qui ne s'adresserait d'ailleurs qu'aux hommes de loi ; mais nous ne pourrons omettre de les entretenir de quelques procès qui ont présenté un intérêt public, et ont beaucoup influé sur la destinée du fondateur de l'École icarienne.

Au milieu de l'agitation des affaires , M. Cabet n'en continuait pas moins à cultiver la science. Il aspirait toujours à obtenir une chaire de droit, et il y serait certainement parvenu, comme M. Bugnet, son condisciple, sans les catastrophes politiques qui vinrent détruire ses espérances, et donner une autre direction à son activité.

C'est à la fin de l'Empire que commence la carrière politique de Cabet. Il avait grandi dans les sentiments républicains que son père lui avait inspirés dès sa plus tendre enfance. Ses opinions étaient connues de tous, de la jeunesse, des professeurs et de la plupart de ses concitoyens, mais jusqu'aux événements qui marquèrent la chute de Napoléon, il n'avait point mis la main à la chose publique.

Quoique son âme brûlât de l'amour du pays, comme il n'y avait aucune liberté dans les institutions, il vit, ainsi que la plupart de ses compatriotes, les désastres de 1814, avec une sorte de stupeur qui le réduisait à l'inaction. C'est ainsi que la lassitude produite généralement par plusieurs années de despotisme, mettait en péril jusqu'à l'indépendance nationale. Il ne doutait pas pourtant que l'invasion ne pût être victorieusement repoussée : « Si la liberté et la patrie, dit-il, avaient alors

» fait un appel au dévouement du peuple, la terre de
» Bourgogne aurait englouti ces Autrichiens qui ne
» l'abordaient qu'avec effroi, et semblaient la sentir
» trembler sous leurs pas... » Et encore : « si du moins
» Napoléon avait voulu se sauver par le peuple, l'armée
» autrichienne , fuyant en désordre après la bataille
» de Montereau, ne serait pas sortie de notre terri-
» toire. »

Dans la situation où se trouvait la patrie, il se serait
résigné à subir le nouveau gouvernement. Il aurait,
comme la France entière, toléré les Bourbons, s'ils
avaient ramené la liberté avec la paix, mais il applaudit
au 20 mars, par haine contre l'influence étrangère et
contre l'ancien régime, avec ses prétentions surannées.
Il s'enrôla dans la garde nationale et devint un des
fondateurs et des directeurs de la *Fédération bourgui-
gnonne*, vaste association organisée pour appeler toute
la population à la défense du territoire contre l'étranger,
comme en 1792, 93, et 94. Toutefois, il ne voulut accepter aucune fonction publique, et ce fut inutilement
qu'on lui offrit de le nommer procureur impérial.

Au milieu de tous ces malheurs publics il eut aussi son
combat et sa blessure. Pendant que les avocats patriotes
étaient en fuite, ou cachés, ou en prison, les avocats
royalistes qui ne formaient qu'une minorité, renouvelè-
rent le *Conseil de discipline,* et s'élisant entre eux, arrivèrent ainsi à le composer entièrement à leur gré. Puis,
armés d'un décret despotique, ils citèrent devant eux,
parmi leurs collègues, tous leurs principaux adversaires
en politique et sous le rapport de la profession, avec la
résolution arrêtée de les condamner pour les éloigner

du barreau. Cabet eut l'honneur d'être appelé un des premiers. Il contesta avec fermeté la compétence du conseil en matière politique ; mais celui-ci n'en rendit pas moins l'arrêté suivant le 22 novembre 1815 :

« Considérant que M. Cabet a arboré le *signe de la* » *révolte* contre l'autorité légitime (avant le 20 mars), » dans un temps où le souverain donnait encore des » lois à la France ; qu'il a fait partie de ces *comités* » *désorganisateurs de l'orde social* ; qu'il a usé de son » *influence sur l'esprit* de plusieurs de ses jeunes con- » frères pour leur inculquer ses principes subversifs de » la morale publique. — Considérant que loin de cher- » cher à diminuer ses torts par un repentir qui, à la vé- » rité, aurait été tardif, M. Cabet s'est présenté au » Conseil en *soutenant des principes* contraires à ceux » qui sont généralement reconnus par les gens de bien ; » que *l'assurance avec laquelle il a présenté ses moyens,* » incompatible avec l'honneur, rend sa conduite encore » plus répréhensible et donne *peu d'espérance d'un re-* » *tour à des idées plus saines.* »

« M. Cabet demeure interdit pour trois mois de sa » profession d'avocat. »

Plusieurs de ses confrères demandèrent à partager son sort, notamment son ami M. Lerouge, et cette condamnation qui signale le commencement de sa patriotique carrière, et qui n'était qu'une persécution politique, se trouvait en réalité vraiment glorieuse pour lui, car les douze ou quinze principaux avocats patriotes de Dijon furent frappés en même temps par les censures du conseil de discipline, plusieurs même furent rayés du tableau.

Parmi ces derniers se trouvait M. Jacotot, ex-repré-
sentant, professeur de droit et de mathématiques,
un des esprits les plus distingués du département de
la Côte-d'Or. C'est en vain qu'il s'était déjà volontai-
rement expatrié avec sa famille, pour se soustraire
à la fureur de ses ennemis politiques dont il était ex-
trèmement redouté. L'animosité de quelques avocats
le poursuivait jusque sur la terre étrangère.

Enfin le célèbre et respectable doyen de la faculté de
droit, M. Proudhon lui-même, en butte aux plus dangereuses dénonciations et aux plus odieuses calomnies,
fut cité devant le même *conseil de discipline,* composé
de sept membres dont plusieurs avaient fait leurs
études sous sa direction. Mais en l'absence du profond
jurisconsulte alors à Paris, occupé à justifier devant la
Commission de l'instruction publique, la conduite que
son patriotisme lui avait fait tenir pendant les Cent-jours,
les efforts de son collègue M. Ladey obtinrent un sursis,
et bientôt la commission et son digne président Royer-
Collard, rendaient le savant professeur à ses élèves. Il
fut même rétabli quelque temps après, dans les fonctions
de doyen que ses collègues avaient honorablement refusé d'accepter, pour les lui confirmer.

C'est ainsi que tout jeune encore, Cabet était compris dans une sorte de proscription qui enveloppait
les hommes les plus éminents et les plus libéraux de
Dijon.

Par suite de la décision prise contre lui par le conseil
des avocats, le recteur de l'Académie refusa de lui
délivrer son *diplôme de docteur en droit* qui, du reste,

*

lui était désormais inutile, car il ne pouvait plus avoir l'espérance d'être jamais admis au professorat.

.

§ 2. — Terreur blanche. — Affaire de M. Marie huissier. — Premier procès de M. Piogey, pendant les Cent jours.

Déjà suspect aux amis du pouvoir, il était destiné à traverser de nouvelles et de plus rudes épreuves. A l'époque de la seconde Restauration la France sembla pour ainsi dire divisée en deux peuples ennemis. Les vieux soldats de l'empire étaient exaspérés de la chute de Napoléon et de l'invasion de la France. Accoutumés à vaincre tous ceux qui s'opposaient à eux, ils ressentaient amèrement leurs récentes défaites. Après avoir lutté avec une indomptable énergie contre les armées de la Sainte-Alliance et préféré si souvent la mort à la soumission, il ne se montrèrent pas moins opiniâtres contre leurs adversaires de l'intérieur. Sur tous les points du territoire, il s'engagea des collisions sanglantes, et quelquefois on ne faisait plus de quartier, les royalistes ne montrant pas moins de zèle pour le roi que les militaires pour l'empereur. On vit à Dijon, quatorze soldats débris de différents corps de ces généreux défenseurs de la patrie que les partisans des Bourbons appelaient *les brigands de la Loire*, rapportant l'un sa trompette. d'autres leurs sabres, cinq ou six des fusils, aimer mieux se faire tuer que de se laisser désarmer, traverser la ville en sonnant la charge, passer intrépidement devant les postes de la garde royaliste, répondre à ses cris de *Vive le roi!* par le cri de *Vive l'Empereur!* riposter à des coups de fusil par des coups de fusil, et sortir fièrement en ne laissant à ce nouveau genre d'ennemis que deux prisonniers que leurs anciennes blessures retardaient dans leur marche.

Le calme une fois rétabli, les haines du parti triomphant ne furent point encore assouvies. Des tribunaux de toute espèce décimèrent ou tourmentèrent les citoyens reconnus pour n'être point favorables à la dynastie des Bourbons. Pendant que tant d'iniquités s'accomplissaient de toutes parts, des avocats indépendants osèrent disputer avec énergie, leurs victimes, aux Jefferys de la Restauration (1). Dans ces circonstances difficiles, l'occasion de grands dévouements vint s'offrir plusieurs fois à Cabet. Il n'hésita jamais à remplir les devoirs que la situation lui imposait. Il répondit toujours avec courage à l'appel du faible opprimé qui implorait l'appui de sa parole, contre les séïdes implacables du gouvernement, qui appliquaient à outrance, à des concitoyens, la terrible maxime : Malheur aux vaincus ! et comprommettaient ainsi par excès de zèle, le pouvoir qu'ils prétendaient servir.

C'est alors que furent conduits devant la Cour d'assises de Dijon, deux soldats et dix ou douze citoyens qu'on leur donnait pour complices, et parmi lesquels était M. Marie, huissier à la Cour, qu'on accusait d'avoir ourdi une conspiration, d'être allé au devant des quatorze soldats dont nous avons parlé, de les avoir

(1) Les Dupin, les Mauguin, les Mérilhou, les Berville, les Odilon-Barot et beaucoup d'autres soit à Paris, soit dans les départements. Disons-le à l'honneur de notre pays, c'est en grande partie aux sentiments généreux qu'ils manifestèrent dans ces circonstances, qu'ils ont dû de jouir de la faveur publique.

excités à faire feu sur la garde nationnale, et même d'avoir provoqué le peuple à l'insurrection contre l'autorité du roi. On était à la fin de 1815. Une telle imputation à une semblable époque mettait en péril la tête des inculpés. L'huissier surtout était en butte à l'animadversion de personnages puissants qui désiraient ardemment sa perte, parce qu'on le signalait comme l'homme le plus dangereux de la contrée, et comme ayant tenu des propos sanguinaires contre les prêtres et l'aristocratie nobiliaire. Le danger qui le menaçait était extrême dans un moment de réaction où les passions politiques, arrivées au paroxisme, tenaient du fanatisme. Il avait tout à craindre, surtout devant un jury composé d'émigrés et d'ultra-royalistes.

Son fils vint conjurer Cabet de le défendre. Celui-ci refusa parce qu'il était interdit, et aussi parce qu'il supposait que ses propres opinions seraient nuisibles à son client. Le jeune homme revint, redoubla ses instances et le supplia de se porter défenseur de son père à titre d'ami, puisque son interdiction l'empêchait de le faire comme avocat. La proposition était étrange : demander qu'il se déclarât dans sa position, l'ami d'un homme qu'il connaissait à peine, et qui était poursuivi d'une sorte d'exécration publique! Il fallait beaucoup de résolution pour accepter. N'importe! Un sordide intérêt n'était pas le mobile de Cabet dans l'exercice de sa profession ; si elle était belle à ses yeux, c'est surtout parce qu'elle exige des sacrifices pour faire triompher l'innocence méconnue et calomniée. Il consentit donc, et il parut à la barre, comme *ami* du principal accusé, en habit bourgeois, au milieu de dix ou douze avocats royalistes en robes. Les partisans des Bourbons, irrités de ce qu'ils

appelaient son audace et sa bravade, vinrent en grand
nombre avec le projet de le siffler; mais il ne leur en
fournit pas l'occasion, et il fut assez heureux pour
sauver son client et par suite tous les autres accusés.
L'impression produite sur les jurés par sa plaidoirie
fut telle, que ceux-ci chargèrent leur président de
prier la cour de ne rien négliger pour gagner le jeune
avocat à la cause des princes légitimes.

Peu de temps après, il défendit un notaire patriote,
M. Gérard Piogey, maire de X....., pendant les Cent-
jours, poursuivi par les haines envenimées de trois
habitants du même chef-lieu de canton, qui formaient
une sorte de *triumvirat royaliste*. On lui imputait entre
autres griefs, d'avoir montré aux paysans à travers
les trous d'un tamis une cocarde tricolore dans une
étoile, inculpation qui serait tombée d'elle-même sous
le ridicule sans la violence des passions politiques alors
déchaînées. Cabet en lava l'accusé. Mais comme on
voulait le perdre à tout prix, il fut condamné en
vertu d'une loi contre la cocarde blanche, à un an de
de prison, pour avoir pris la cocarde tricolore, que des
milliers de citoyens et ses propres dénonciateurs avaient
notoirement et impunément portée aussi bien que lui.
Ce procès fut le point de départ d'une série de persécutions atroces et implacables qui furent dirigées, avec
un acharnement vraiment inouï, contre la fortune et
même contre la vie de M. Piogey, et ne lui laissèrent
plus ni paix ni trève, durant plusieurs années. Nous
en retrouverons un peu plus tard, les traces odieuses,
dans la suite de notre récit.

§ 3. — Cabet défend le général Vaux.

En 1816, la terreur blanche redoubla contre les libéraux, elle sévit en général, contre tous les citoyens qui,
avaient bien accueilli Napoléon à son retour de l'Ile
d'Elbe, mais surtout contre ceux qui avaient consenti à
accepter des fonctions publiques pendant les Cent jours.
Il y eut même un moment où cette réaction si souvent
sanglante, fut sur le point de prendre une forme sys-
tématique.

Après les assassinats de Brune, de Ramel, etc., et les
meurtres judicaires du maréchal Ney, de La Bédoyère,
de Mouton-Duvernet, etc., un ministre proposa, pour
ramener rapidement partout l'ordre par la terreur, de
poursuivre les sept principaux fonctionnaires des Cent-
jours, dans chaque département. On résolut de commencer l'application de ce système de sang, par la
Côte-d'Or. La force du parti le plus rétrograde, bien
organisée par un comité (1), placé sous la direction du
gouverneur général, favori du comte d'Artois, donnait
peut-être là plus d'espérances de succès que partout
ailleurs, et le soulèvement général de ce département,
dès le 13 mars, jour de l'entrée du maréchal Ney avec
le drapeau et la cocarde tricolore, y offrait un choix
facile, pour y trouver sept victimes.

En juin 1816, le général Vaux, l'homme le plus populaire du département, nommé par Napoléon commandant de la division militaire, l'ancien préfet, et

(1) Le Comité Dampierre était alors le gouvernement occulte à Dijon :
c'est-là que se discutaient et se décidaient les destitutions, les arresta-
tions et toutes les mesures à prendre dans l'intérêt du parti royaliste.

M. Hernoux, l'ancien maire, l'ex-receveur général,
beau-frère du duc de Bassano, et d'autres hauts dignitaires des Cent-jours, furent traduits devant un jury
composé d'ardents royalistes, comme coupables de
conspiration pour ramener l'usurpateur, de complicité
avec lui, de révolte, etc.

On comprend combien l'affaire présentait de gravité! et tout reposait sur la tête du général : acquitté,
son acquittement avait pour conséquence inévitable
celui de tous ses co-accusés ; condamné, sa condamnation en amenait fatalement plusieurs autres. En outre,
le jugement rendu dans la Côte-d'Or, allait peut-être
créer un précédent pour tous les autres départements,
inaugurer ou rendre impossible un des plus abomi-
nables systèmes, conçu sous l'influence des rancunes
politiques.

Tous les accusés, à l'exception du général, cédant aux
craintes et aux prières de leurs familles, choisirent des
avocats royalistes pour se rendre les jurés favorables; le
général seul, désirant conserver au procès son véritable
caractère et ne commettre en rien sa dignité, voulut
avoir un défenseur patriote. Mais à qui confier une cause
si importante et si délicate? Sur l'indication de l'ex-pre-
mier président et de l'ex-procureur général, Cabet eut
le périlleux honneur de ce choix. Il parut donc encore,
seul avocat patriote, au milieu d'une nuée de confrères
tous royalistes. Ceux-ci ne se bornèrent pas à avouer
tous les faits, ce qui n'aurait été que sincère et honorable si tous avaient été avérés; mais ils les déclarèrent
sacriléges, et se bornèrent à implorer la clémence des
jurés en faveur de leurs clients, entraînés, disaient-ils,
aveuglés, privés de l'usage de leur raison, par la violence

de la tempête déchainée sur la Société. Cabet ne descendit point jusqu'à l'emploi de semblables moyens; il ne fit aucune concession au parti royaliste, il montra que les prétendus griefs allégués contre le général et les autres accusés, n'existaient point ou n'étaient point incriminables. Il soutint que le 13 mars à Dijon, après la fuite de toutes les autorités et l'entrée triomphante du maréchal Ney, au nom de l'Empereur, étaient absolument la même chose que le 20 mars à Paris, reconnu légitime après la retraite de Louis XVIII et l'arrivée de Napoléon. Il interpella directement et personnellement tous les adversaires. S'adressant à la garde nationale, au conseil municipal, aux témoins, aux jurés, à la cour, au premier président lui-même; il dit que, si le général était coupable, tous et la population entière étaient criminels avec lui, mais que tous étaient évidemment innocents et que le général ne l'était pas moins qu'eux. Il arracha des larmes à l'auditoire, aux jurés, aux magistrats, aux gendarmes eux-mêmes. Enfin, il eut le bonheur de contribuer à l'acquittement de tous les inculpés. Il a toujours conservé de cet événement, un souvenir qui lui était précieux. « Ce fut un bon jour pour mon pays,
» dit-il, un beau jour pour moi! on peut m'insulter, me
» calomnier, m'emprisonner ou m'exiler, tant qu'on ne
» me tuera pas, il est des souvenirs qui me soutiendront
» toujours au milieu des persécutions, et que ne con-
» naissent pas les persécuteurs, dans leurs palais et leurs
» grandeurs. »

On s'imagine sans peine l'immense effet produit à Dijon, dans toute la Côte-d'Or et même dans les départements circonvoisins, par des débats si solennels et surtout par l'acquittement des accusés. La réputation du jeune avocat, il n'avait encore que 28 ans, s'en accrut avec rapidité : déjà ses camarades lui disaient : « Tu seras le député de la Côte-d'Or. » Il pouvait désormais aspirer à tout dans sa ville natale : à la fortune et au premier rang parmi ses compatriotes. Mais jamais il ne se laissa éblouir par le succès, et à aucune époque de sa vie, on ne vit sommeiller en lui le désir d'étendre ses connaissances. Ses triomphes étaient à ses yeux de nouveaux motifs de redoubler d'efforts pour atteindre la perfection de son art. C'est ainsi qu'après le procès dont nous venons de parler, il vint à Paris pour y travailler dans le cabinet de M. Guichard, avocat à la Cour de cassation, afin de connaître les règles particulières à cette Cour, généralement ignorées des avocats de province. Il rentra à Dijon vers la fin de 1817. Il y reprit ses occupations au barreau, et y continua ses chères études.

§ 4. — Nouveaux procès de Piogey. — Seconde interdition de Cabet.

Bientôt après son retour, M. Piogey, le notaire de X....., qui avait été condamné à un an de prison pour avoir porté la cocarde tricolore avant le 20 mars, et que ses ennemis s'efforçaient de faire destituer comme indigne, à cause de cette condamnation politique, eut de nouveau recours à son ministère. Cabet lui épargna la douleur d'une destitution qui aurait sans doute entraîné sa ruine.

Environ deux ans plus tard, M. Piogey toujours poursuivi par les mêmes haines invétérées fut impliqué dans un procès criminel très important par lui-même, et sur lequel nous devons nous arrêter quel-

ques instants, à cause de l'iufluence considérable qu'il
exerça sur l'avenir de Cabet. Il peut aussi servir à montrer que de mal des hommes pervers peuvent accomplir, en se couvrant du masque des passions politiques.

Le 31 août, un meurtre fut commis à X...., près
de Dijon, dans des circonstances tout à fait mystérieuses. La commune était alors administrée par trois
fonctionnaires qui appartenaient au parti royaliste, et
y faisaient même beaucoup de zèle, quoiqu'ils eussent
manifesté d'autres opinions en d'autres temps; c'étaient
le juge de paix, le maire et le percepteur des contributions. Ils formaient une espèce de *triumvirat* qui re-
courait à toutes sortes de menées pour inspirer la terreur aux habitants et les dominer. Ils avaient tous trois
des motifs personnels d'animosité contre M. Piogey,
notaire dans la même commune.

La victime était une vieille demoiselle de 84 ans;
Mlle Derepas, qui vivait seule dans l'ancien château
du lieu, autrefois propriété de sa famille. Son neveu
l'avait vendu, il n'y avait pas encore deux ans, au juge
de paix, à la condition que celui-ci conserverait à sa
tante gratuitement et sa vie durant, le modeste logement qu'elle avait l'habitude d'y occuper.

Le matin du 1er septembre elle fut trouvée morte,
étendue sur le parquet sans que rien, en apparence, ni
sur elle, ni dans le logement trahit les traces d'une mort
violente. Toutefois une sœur de charité, en la déshabil-
lant pour l'ensevelir, découvrit des meurtrissures sur
la poitrine et sur le cou, et s'écria : « Mais elle a été
assassinée! » Le juge de paix qui était présent, dit que

c'était en tombant qu'elle s'était fait elle-même ces
contusions. Ce fait grave ne fut l'objet d'aucune constatation légale, et sans autres informations on procéda
aux obsèques de Mlle Derepas.

Cependant le bruit qu'elle avait été assassinée se
répandit promptement et prit créance dans le pays. Le
juge de paix et ses deux amis en devinrent les plus
puissants propagateurs. Ils insinuaient en même temps
que le crime ne pouvait avoir pour auteur que le notaire
Piogey, de complicité avec deux autres habitants de la
commune. S'ils désignaient ces citoyens, tous trois
pères de famille, c'est que ceux-ci étaient patriotes, et
que le *triumvirat* voyait en eux des adversaires politiques qu'il désirait perdre. Un jeune homme ayant
vendu une montre qui fut reconnue pour être celle
de la victime, par une parente de celle-ci, fut mis en
état d'arrestation. Conduit à Dijon, il déclara devant le
juge d'instruction qui était l'ami et le protecteur du
juge de paix, que dans la nuit du 31 août au 1er septembre, il avait surpris le notaire accompagné de deux
hommes au moment où il sortait du château en escaladant un mur, et que M. Piogey l'ayant aperçu, était
venu à lui et lui avait remis la montre avec une somme
d'argent, en lui faisant promettre de ne jamais révéler
qu'il les avait vus sortir du château. Le lendemain, le
notaire était arrêté, avec ses prétendus complices et la
femme de l'un deux. Le dénonciateur en leur présence
soutint avec audace son accusation, qui semblait vraiment écrasante. L'affaire devint politique dès l'origine,
pour trois raisons: 1º parce qne tout le parti royaliste désirait la condamnation du notaire, ex-maire des Cent
-jours, parent du général Vaux; 2º parce que ce parti

croyait par là, déshonorer tous les patriotes, en con-
damnant l'un deux comme assassin et voleur ; 3° parce
que la population de X.... soupçonnait que l'assassinat et le vol avaient été commis par le jeune homme
à l'instigation d'un royaliste, le juge de paix, et que
le parti royaliste voulait absolument perdre ce qu'il appelait un jacobin, pour sauver ce qu'il appelait un
homme de bien. Tout ce qu'on peut imaginer d'intrigues,
de manœuvres, de prévarications même de la part des
magistrats chargés de l'instruction, pour perdre un innocent et sauver un coupable, fut épuisé dans ce procès
vraiment extraordinaire. Jamais peut-être l'honnête
homme, en butte à la calomnie ne fut exposé à plus de
périls! L'opinion publique était tellement égarée par
des mensonges de toute espèce, que personne ne doutait
de la culpabilité du notaire et de ses co-accusés. Le parti
royaliste était triomphant, celui des patriotes atterré.
Déjà les triumvirs de X.... disaient audacieusement
que leurs adversaires politiques étaient tous des voleurs et des assassins. Ils ne songeaient pas que leurs
mauvais desseins allaient être traversés par une volonté
aussi ardente pour le bien, que la leur l'était pour
le mal. Cabet se charge de défendre M. Piogcy et les
deux patriotes incriminés. Ses amis eux-mêmes s'en
étonnent et s'en affligent; ils ne peuvent concevoir qu'il
consente à entreprendre une défense qui ne doit avoir
d'autre résultat, disent-ils, que de compromettre l'ho-
norabilité de son caractère.

Mais Cabet qui, déjà deux fois, avait plaidé pour le
notaire dans deux procès politiques, soupçonnant une
nouvelle machination de ses ennemis pour le perdre
et le déshonorer, avait fait plusieurs voyages à

X.... pour vérifier les lieux et interroger les témoins ;
bientôt il avait acquis la certitude inébranlable que les
trois accusés était complètement innocents, que leur dénonciateur, assis à côté d'eux comme recéleur, était l'assassin ; que le juge de paix, qui avait le plus grand intérêt
à la mort de la victime, était l'instigateur de l'assassinat;
que les deux autres principales autorités du pays agissaient de concert avec le juge de paix pour sauver la vie à
l'auteur du crime, et que la plus effroyable conspiration
était tramée pour faire périr trois innocents. Dès qu'il
se fut formé ainsi une conviction après mûr examen,
quoiqu'il vit bien qu'il allait courir le plus grand danger lui-même et qu'il fallait affronter les haines les plus
redoutables, il n'hésita pas un moment à prendre en
main cette cause qui semblait désespérée. Il accepta,
ce sont les termes mêmes dont il s'est servi, la mission
sainte à ses yeux d'éclairer l'opinion, de guider la justice, de protéger la faiblesse, de désarmer l'iniquité
puissante. Il brava le péril avec un délicieux sentiment
de plaisir.

Préoccupé au plus haut degré de la situation de ses
clients, menacés de monter sur l'échafaud, il prépare
leur justifiction avec une ardeur enthousiaste : un travail prolongé dans la nuit, pendant deux mois, l'agitation d'esprit, l'exaltation morale, la neige jusqu'au
genoux et dans les yeux pendant plusieurs heures, au
milieu d'un ouragan, dans un nouveau voyage fait à
X.... pour examiner les localités avec un soin minutieux, portèrent une grave atteinte à sa santé. La
veille de l'ouverture des débats il se leva presque aveugle, ce qui l'obligea à réclamer pour l'audience, le concours de deux de ses collègues, MM. Lerouge et Bichot.

C'était quelques jours après le meutre du duc de
Berry, dans le moment d'une nouvelle réaction terrible.
Il essaya mais en vain, d'obtenir la remise des débats à
la session suivante. Comme le jury était bien composé
pour la condamnation, la cour refusa tout ajournement.
Les débats durèrent quatorze jours; il fallut entendre
et discuter les dépositions de trois cents témoins. Cabet
assista aux audiences jusqu'à la fin, sans distinguer
personne, ni témoins, ni jurés, ni juges, sans pouvoir
lire ou écrire un mot, soutenu pas le même courage
qui donne à la mère malade la force de passer les jours
et les nuits près du berceau de son enfant moribond.
Il accusa formellement le dénonciateur d'être l'assassin,
afin de démontrer plus manifestement l'innocence de
ses clients, et son accusation fut si pressante que deux
fois le calomniateur fut sur le point d'avouer qu'il
était l'auteur du crime; il en a convenu depuis.

Enfin, le triomphe fut complet. Les trois accusés
furent, à l'unanimité, déclarés innocents et portés sur
les bras du peuple; le dénonciateur fut déclaré coupable
et condamné à mort, moins odieux aux jurés pour
avoir récélé la montre (avec cette circonstance aggra-
vante qu'il savait que le vol provenait d'un assassinat),
que pour s'être efforcé si longtemps de faire périr des
innocents. Immédiatement après la prononciation de son
arrêt, le condamné déclara publiquement qu'il était
l'assassin, proclama l'innocence de ceux qu'il avait ca-
lomniés, leur demanda pardon, et signala le juge de
paix, que Cabet, d'accord avec le sentiment public, avait
soupçonné, dès qu'il fut éclairé sur la cause, comme
étant l'instigateur du crime et de la fausse dénonciation.

Cette honorable et glorieuse victoire ne demeura pas sans représailles de la part de ses adversaires dont le complot avait été déjoué ou l'attente déçue. D'ailleurs, l'opinion publique réclamait à grands cris l'arrestation et la mise en jugement du juge de paix et de plusieurs magistrats prévaricateurs que le pouvoir voulait sauver à tout prix. Pour imposer silence à l'opinion, on résolut d'écraser l'avocat qui avait fait briller la lumière sur ce chaos de passions perverses. Voici le le prétexte que l'on choisit.

Pendant les débats, Cabet avait publié et distribué à la Cour et aux jurés un mémoire intitulé : *Appel au Tribunal de l'Opinion publique.* Il y exposait que l'accusation d'assassinat contre le notaire était comme sa condamnation à un an d'emprisonnement et sa poursuite en destitution, l'effet de la haine politique du juge de paix, de ses amis et de quelques magistrats royalistes. Ce mémoire fut dévoré par le public comme l'expression de la vérité, et si le juge de paix et ses deux intimes, principaux témoins à charge dans l'affaire, avaient osé se plaindre et attaquer le mémoire et son auteur, il aurait été facile de les convaincre d'une inimitié mortelle contre M. Piogey, par le témoignage de plus de cent témoins présents aux débats. Mais ils gardèrent le silence devant la Cour d'assises où Cabet pouvait les confondre, et le poursuivirent en diffamation, après l'arrêt, devant le tribunal correctionnel composé de magistrats qu'il avait accusés de partialité et de prévarication.

Pour combattre ces insidieuses attaques, Cabet se traduisit lui-même devant le conseil de discipline des avocats, lui soumit toutes les pièces et lui demanda d'examiner et de juger sa conduite. La décision rendue par le Conseil lui donna pleine satisfaction. Il est dit dans les considérants, que l'action intentée dans les circonstances du procès porte atteinte aux droits et à l'indépendance de l'ordre des avocats et l'arrêté reconnaît formellement que Cabet n'a pas manqué à ses devoirs.

Le jour que la cause fut appelée, Cabet soutint que le Tribunal correctionnel était incompétent pour juger un mémoire contre des témoins, parce que la Cour d'assises, devant laquelle les débats avaient eu lieu, était seule capable de décider si ses imputations étaient *vraies* ou *fausses*, *utiles* ou *inutiles* à la défense ; mais ce fut en vain, il fut condamné le 13 mai 1820, à la suppression du mémoire et à 50 francs de dommages-intérêts. C'était un scandale public; l'indignation éclata de toutes parts ; on donna une brillante sérénade à Cabet et un charivari aux avocats de la partie adverse.

La juridiction de la Cour royale et celle même de la Cour de cassation ne se montrèrent pas plus indépendantes. Cabet vint à Paris pour soutenir son pourvoi en cassation et exposa lui-même les faits du procès. Nicod présenta ensuite sa défense. Mais toute la logique de ce célèbre avocat et tout son talent ne purent rien sur l'esprit du président Barris et de magistrats entièrement dévoués alors à la Restauration, et qui étaient jaloux de montrer leur dévouement. Le pourvoi fut rejeté, et la colère ministérielle n'attendait, depuis le jugement de la Cour impériale, que cet arrêt pour éclater.

L'impunité du juge de paix et la condamnation de Cabet révoltaient tous les cœurs honnêtes, il s'élevait de toutes parts des cris contre une telle iniquité. Ce fut

au point que la députation de la Côte-d'Or, composée
de MM. Chauvelin, Hernoux et Caumartin, se crut obligée de recourir à une démarche auprès du Président du
Conseil, le duc de Richelieu, pour lui faire comprendre que le véritable intérêt du Gouvernement et la
dignité de la magistrature exigeaient que le juge de
paix fût mis en jugement. Mais il aurait fallu poursuivre plusieurs magistrats qui s'étaient très gravement
compromis en prêtant leur appui à leur collègue de X...
Le ministère ne put se résigner à exposer ses partisans
à une défaite. Il aima mieux frapper de nouveaux coups
d'autorité, pour comprimer l'opinion, et réduire l'avocat
persécuté au silence. En conséquence, le garde-des-
sceaux, M. de Serre, qui avait déjà ordonné, après le
jugement de la Cour royale, que la décision du conseil
de discipline, en faveur de Cabet, serait biffée sur les
registres, et que le bâtonnier de l'ordre serait admo-
nesté par la Cour, arrêta le 16 janvier 1821, seul et
sans entendre personne, que l'avocat Cabet serait interdit pendant un an.

Cette étrange partialité ne manqua pas de porter ses
fruits. L'impunité enhardit tellement le juge de paix
qu'il commit quatre ou cinq cents vols et faux en écri-
ture publique, au préjudice des justiciables et du Trésor.
Convaincu, pris sur le fait, déjà il faisait des aveux à
genoux et en larmes ; il semblait ne pouvoir échapper
au carcan, aux galères. Mais le procès en faux allait
inévitablement réveiller l'accusation d'assassinat, et ramener la plainte contre des juges qui avaient manqué
aux devoirs les plus sacrés. On devine bien que le
Gouvernement mit le comble à tant d'iniquités, en
étouffant l'affaire : on se contenta d'accepter la démis-

sion du juge de paix, qui n'en continua pas moins à
jouir en toute sécurité de sa fortune. Quelques années
plus tard, en août 1830, Cabet, alors secrétaire intime
de Dupont de l'Eure, trouva dans les cartons du ministère de la justice, toute la correspondance du Procureur général et de l'ancien Ministre. Tout y était longuement expliqué : les faux, les accusations d'assassinat,
surtout la nécessité d'épargner le juge de paix, et celle
de l'écraser lui-même pour écarter une voix accusatrice
et importune.

Ces événements qui pesèrent d'un poids si lourd sur
l'existence de Cabet, furent pour lui une grande école
d'expérience, et, comme il tendait toujours au bien
public, il conçut dès lors le plan d'un ouvrage destiné à
éclairer les avocats sur leurs droits et leurs devoirs. Il
avait aussi pour but, dans cet écrit, de faire comprendre les vices de la législation qui régit le barreau, et
de proposer les mesures législatives qui peuvent y porter remède, en garantissant d'une manière efficace
l'indépendance des avocats, sans laquelle la défense des
citoyens n'est jamais entourée des garanties que le
sentiment de l'humanité réclame comme indispensables.
Ce travail lui a fourni la matière d'un traité en trois
volumes, resté inédit (1)

(1) L'auteur a lui-même résumé, en ces termes, l'*objet* et le *plan*
de l'ouvrage :

« OBJET ET PLAN DE L'OUVRAGE. — L'indépendance de la profession
» d'avocat intéresse évidemment les justiciables et les accusés.

» Toute loi qui détruit cette indépendance, blesse donc non seulement
» la nombreuse classe des avocats, mais encore tous les citoyens.

» Telle est l'ordonnance royale du 20 novembre 1822, rédigée par
» M. de Peyronnet et qui, sous prétexte d'assurer la liberté du barreau,

Cabet composa aussi plus tard, sur le procès Piogey, dont les péripéties si dramatiques pouvaient fournir une ample matière à d'utiles enseignements, un ouvrage

» détruit au contraire cette liberté, en transformant le Conseil de disci-
» pline en une véritable commission ministérielle, investie du pouvoir de
» disposer arbitrairement de l'état et du sort des avocats.

  » Les dispositions despotiques de cette ordonnance, les abus et les excès
» qu'elle a produits, ont excité partout des réclamations qui ne peuvent
» manquer d'être accueillies tôt ou tard par le législateur (*).

  » Dans cette prévision, je voulais signaler les vices du décret de 1810
» et de l'ordonnance de 1822, et présenter mes idées sur les dispositions
» législatives que l'intérêt public réclame concernant la profession
» d'avocat.

  » Pour atteindre mon but, j'ai consulté l'histoire du barreau, ses
» règles écrites et ses usages ; j'ai lu tous les monuments législatifs et
» tous les ouvrages concernant ces trois objets.

  » Cette étude m'a fait penser que le résultat de mon travail pourrait
» être utile non seulement pour préparer la législation à faire, mais
» encore pour faciliter aux jeunes avocats la connaissance de tout ce qui
» les intéresse particulièrement.

  » Je me suis déterminé alors à réunir tout ce qui concerne la profession
» d'avocat.

  » Et comme la magistrature et le barreau ont entre eux les rapports
» les plus intimes, j'ai cru compléter mon sujet en y joignant une
» esquisse de l'organisation des tribunaux, du ministère public, des
» greffiers, huissiers, avoués et notaires.

  » Dans une deuxième partie j'exposerai avec plus de détail :
» 1° L'histoire générale du barreau ;
» 2° Les conditions d'admission à l'exercice de la profession ;
» 3° Les devoirs et qualités de l'avocat exerçant ;
» 4° Ses droits et ceux de la défense ;
» 5° L'organisation de l'ordre, ses droits, sa discipline, la composition
» du conseil et sa juridiction, et les peines qu'il peut prononcer.

  » Enfin une troisième partie contiendra l'examen critique du décret de
» 1810, de l'ordonnance de 1810 et de l'ordonnance de 1822 avec l'in-
» dication des dispositions législatives qui devraient les remplacer. »

(*) Elle a été modifiée par l'ordonnance du 27 août 1830.

qui n'a jamais été publié et qui était une sorte d'appel à l'opinion publique contre les abus odieux que commettent quelquefois les tribunaux eux-mêmes, lorsque, sous la pression des circonstances extérieures, ils oublient l'impartialité qui est le premier de leurs devoirs. La manière dont la justice était rendue pendant la restauration, sous l'influence des passions politiques, lui suggère les réflexions suivantes qu montrent la portée de cet écrit et le sage esprit de réforme qui l'a inspiré.

AVANT-PROPOS. — MOTIFS DE CET OUVRAGE.

« Appliquer les lois, juger les citoyens, disposer de
» leur fortune, de leur état, de leur liberté, de leur
» honneur, de leur vie même, c'est assurément l'un
» des plus redoutables pouvoirs que la société puisse
» donner sur ses membres.

» Que ce pouvoir, comme toute autre autorité pu-
» blique, doive être exercé dans l'intérêt de la Nation
» qui le confie, et non dans l'intérêt des juges ou du
» gouvernement contre les particuliers, c'est un de ces
» axiomes incontestables devenus aujourd'hui vul-
» gaires : tout le monde reconnaîtra, par exemple, que
» ce serait le comble de la démence que de donner à
» une bande de brigands et de voleurs de grands che-
» mins, le droit de juger les habitants et de les con-
» damner à être emprisonnés, tués et dépouillés pour
» s'enrichir eux-mêmes de leurs dépouilles.

» Tout homme n'est pas capable d'exercer les hautes
» et difficiles fonctions de juge : être généralement
» instruit, savoir la législation ; surtout être zélé à
» remplir ses devoirs, judicieux, estimable dans sa vie

» privée, plein de sagesse, d'honneur et de probité ;
» avoir le courage d'être impartial au milieu des partis,
» entre le gouvernement et les citoyens, de résister à
» la puissance quand elle veut opprimer, de sacrifier
» son avancement et son intérêt à la justice, en un mot
» de ne consulter jamais que sa conscience et la loi ;
» telles sont les rares qualités nécessaires à un magis-
» trat.

» Quand la magistrature est dignement composée,
» elle est sûre d'obtenir le respect du Peuple, non par
» ses robes et ses titres, mais par les services qu'elle
» rend et les vertus dont elle donne l'exemple.

» Mais si les tribunaux étaient composés de gens
» ignorants et même ineptes ou méprisables et mépri-
» sés, outrageant les mœurs par l'adultère et l'inceste,
» sans autre mérite que celui d'être parents ou alliés
» d'un fonctionnaire en faveur, hommes de parti, ou
» servilement dévoués au gouvernement ; si la plupart
» des juges étaient des nobles et des émigrés ne tra-
» vaillant qu'à reconquérir des priviléges contraires à
» l'intérêt national, ou des intrigants ambitieux et
» avides prêts à sacrifier leur conscience et tous les
» droits des justiciables pour obtenir de l'avancement
» et des décorations et pour procurer des places à leurs
» familles ; si des Présidents qui n'auraient jamais
» étudié les lois, jugeaient les procès avec le ton tran-
» chant de l'infaillibilité et sans presque écouter les
» plaideurs ; s'ils persécutaient les avocats indépen-
» dants, en prônant et protégeant exclusivement ceux
» qui consentiraient à se rendre leurs valets ; si des
» fonctionnaires poursuivis par la haine publique trou-
» vaient un refuge et même une récompense de leurs

» excès dans une robe de magistrat ; si des arrêts dic-
» tés par la plus évidente partialité favorisaient la no-
» blessé et ses partisans contre la roture ; si les cours
» de justice, au lieu de respecter et d'appliquer les
» lois, les violaient avec mépris ; si elles annulaient les
» réintégrations prononcées depuis vingt-cinq ans en
» faveur des communes contre l'ancienne usurpation
» de leurs seigneurs ; si elles déclaraient illégitimes les
» ventes des biens nationaux légalement confisqués et
» vendus ; si elles jugeaient que les émigrés à qui tout
» ou partie de leurs immeubles auraient été rendus par
» le fisc seraient néanmoins affranchis du paiement de
» leurs dettes antérieures à l'émigration ; si elles déci-
» daient que les mariages célébrés seulement devant
» l'autorité civile n'auraient été que d'impies concu-
» binages, et les divorces de véritables sacriléges ; si
» les tribunaux, en un mot, n'étaient, entre les mains
» d'un parti, qu'un instrument d'oppression, de révo-
» lution, ou de contre-révolution, ce serait, il faut
» l'avouer, un fléau plus terrible qu'une ou deux inva-
» sions passagères faites par des ennemis vindicatifs et
» furieux ; le gouvernement, averti par l'effroi et l'ir-
» ritation publique, devrait se hâter de chercher le re-
» mède, s'il pouvait en exister un capable de guérir un
» pareil mal.

» Mais ce n'est pas assez d'avoir de dignes magistrats,
» il faut encore avoir de bonnes lois ; et malheureuse-
» ment notre législation fiscale et criminelle est arbi-
» traire et destructive de la liberté.

» C'est pour démontrer cette vérité que nous allons
» rendre compte d'un procès politique, et d'une double
» accusation d'assassinat, l'une des causes les plus ex-

» traordinaires, les plus compliquées et les plus dignes
» de l'intérêt public dont les annales judiciaires puis-
» sent faire mention : nous y montrerons le Code d'ins-
» truction criminelle mis en action , les graves abus
» qui viennent de la loi, ceux plus graves encore qui
» viennent des hommes chargés de l'exécuter ; et,
» jouissant du droit qu'a tout citoyen de publier ses
» opinions, nous offrirons le tribut de notre expérience
» et de nos observations. »

CHAPITRE III.

CABET HOMME POLITIQUE.

§ 1. — Cabet se fixe à Paris.

Nous arrivons à une époque où Cabet, mettant plus directement la main à la chose publique, va déployer son activité dans un champ plus vaste, dans une sphère plus haute et plus digne de lui. Accoutumé dès longtemps à lutter contre le pouvoir, et à lui arracher les victimes choisies qu'il voulait immoler à ses rancunes ou à ses craintes, ce champion déjà émérite de la justice, va entrer maintenant dans les rangs de ces intrépides défenseurs des libertés publiques qui revendiquèrent avec tant de persévérance et d'énergie, en face d'un gouvernement relevé avec l'appui des baïonnettes étrangères, les droits méconnus de la nation.

A la suite des débats du procès Piogey qui avait exigé des excès de travail inouïs, Cabet se trouva frappé d'une cécité presque complète ; pendant un an il ne put marcher qu'en se faisant conduire. Le mauvais état de sa vue et l'interdiction dont il avait été frappé par le ministre de la justice, le déterminèrent à quitter le barreau de Dijon et à venir réclamer les soins des médecins de Paris. Il habita d'abord une maison de santé à

Saint-Cloud, où il eut à subir tous les ennuis d'un long traitement, puis il se fixa à Paris. Son esprit ne pouvait demeurer inactif, même pendant sa maladie, et il se faisait faire de longues lectures. Elles étaient relatives d'ordinaire aux matières de droit et à la politique. Son état ne fut sensiblement amélioré qu'au bout de cinq années. Cherchant, même dans cette situation si pénible, un travail productif, il se mit en rapport plus intime avec M. Nicod, avocat à la cour de cassation, qui avait été son défenseur devant ce tribunal suprême, dans l'étrange procès en diffamation que nous avons déjà signalé. Ce jurisconsulte, un des plus éminents de l'époque, le prit, en peu de temps, en très haute estime ; leur liaison fut bientôt des plus étroites. M. Nicod consultait toujours son savant ami sur les questions les plus difficiles. Il le décida à venir habiter chez lui, l'accueillit en confrère à sa table et l'associa à ses travaux. Comme Cabet ne pouvait ni lire ni écrire, il travaillait avec le secours d'un jeune avocat, qui lui donnait lecture des pièces et écrivait sous sa dictée.

A la même époque, Cabet se lia avec les avocats les plus célèbres du barreau de Paris, avec Isambert, Mérilhou, Odilon-Barrot, Berville, Barthe, Mauguin, Crémieux, Marie, Dalloz, Ferdinand Barrot, Comte et d'autres encore, qui tous depuis furent ministres ou occupèrent les plus hautes fonctions dans la magistrature.

Il devint aussi l'ami des hommes politiques qui exerçaient le plus d'influence dans le parti libéral, et surtout de Manuel. Il partageait tous les sentiments de ce dernier qui lui parut être le patriote le plus accompli, et en qui il plaça une confiance entière. Manuel est cer-

tainement l'homme qu'il aima le plus dans toute sa
vie. C'est par l'entremise de Prieur de la Côte-d'Or,
l'ancien collègue de Carnot au comité de salut public,
que se noua cette relation si profitable aux intérêts
patriotiques. Elle dura autant que la vie de Manuel ; la
mort seule pouvait faire cesser cette intimité fondée
sur une mutuelle et profonde estime.

§ 2. — Le Carbonarisme.

Uni à ses nouveaux amis, Cabet entra de plus en plus
dans la politique militante, et acquit une grande autorité
au sein de la charbonnerie. Toute la France était alors
couverte de conspirateurs ; car le sentiment national
blessé au vif par les désastres de 1815, ne supportait
qu'avec impatience le règne des Bourbons, et la domination orgueilleuse du clergé et de la noblesse, excitait
toutes les colères de la bourgeoisie frémissante. Cabet
s'était rallié à la Charbonnerie dès 1819.

Cette association dont l'origine est demeurée en partie mystérieuse, paraît être née en Italie au commencement du XIXᵉ siècle, à la chute des nouvelles répu-
bliques italiennes, et avoir eu pour but d'établir un
gouvernement national et démocratique. Elle traversa,
dans la suite beaucoup de vicissitudes, sous des influences très diverses. Mais son importance n'en gran-
dit pas moins de jour en jour, et elle atteignit l'apogée
de sa puissance en Italie vers 1820. Elle pénétra en
France dès l'année 1818.

De l'autre côté des Alpes elle avait affecté des formes
mystiques admirablement appropriées au génie italien,

mais qui auraient difficilement obtenu l'adhésion des libéraux français. Aussi, subit-elle, sur notre sol, une transformation qui lui imprima un caractère plus exclusivement politique et révolutionnaire. On peut même dire que si la Charbonnerie française adopta le nom de la Carbonara Italienne et quelques-uns de ses symboles, elle ne s'y rattacha pourtant point directement : elle n'en fut qu'une imitation.

MM. Joubert et Dugied en provoquèrent l'organisation définitive à Paris, au commencement de 1821. Ces deux jeunes patriotes, agrégés à la loge maçonnique les *Amis de la vérité*, dont l'influence parmi la bourgeoisie parisienne avait servi quelque temps de sauvegarde aux idées de liberté, passèrent en Italie en 1820, se mirent au service de la révolution de Naples qui venait d'éclater, et furent admis dans les rangs des carbonari. De retour à Paris, ils proposèrent aux membres du conseil d'administration des *Amis de la vérité*, qui n'agissaient plus en cette circonstance en qualité de maçons, de constituer une société politique sur les bases de la Carbonara. Leur projet reçut un accueil favorable et MM. Buchez, Bazard, Flotard, Limpérani, Carriol, Joubert et Dugied furent chargés de dresser le plan d'organisation. Le but de l'association était indiqué en termes très vagues dans une déclaration qui précédait les statuts ; de la sorte, il devenait plus facile de réunir un grand nombre d'adhérents, mais aussi on compromettait le résultat des efforts communs. Le préambule se résumait dans cette pensée générale : « La force ne constituant pas le droit, et les » Bourbons ayant été ramenés par l'Étranger, les Char» bonniers s'associent pour rendre à la nation française

» l'exercice du droit qu'elle a de choisir le gouverne-
» ment qui lui convient. »

Mais quoique la Charbonnerie ne relevât d'aucun
principe bien arrêté, elle n'en fut pas moins organisée
avec beaucoup d'habileté sur des bases qui lui assurè-
rent une grande puissance d'action. Un comité appelé
haute vente la dirigeait. Au-dessous de ce comité, étaient
des ventes centrales, formées chacune sur l'initiative de
deux membres de la *haute vente*. Les deux fondateurs
remplissaient une mission dans le groupe qu'ils consti-
tuaient. L'un, sous le nom de *député*, correspondait
avec la *haute vente*, l'autre en qualité de *censeur* con-
trôlait les opérations de la *vente centrale*. Chaque vente
centrale avait sous sa direction plusieurs ventes particulières, ce qui permettait de multiplier le nombre des
réunions inférieures, sans attirer l'attention ni exciter
les soupçons de l'autorité. Parallèlement à cette organisation civile, il y avait une organisation militaire, à
laquelle s'appliquaient d'autres dénominations. Par
suite, tout charbonnier était tenu d'avoir en sa posses-
sion un fusil et cinquante cartouches, et devait être
toujours prêt à obéir à des chefs inconnus. Les affiliés
étaient aussi astreints à s'exercer dans leurs demeures,
au maniement des armes, et plus d'une fois on fit
l'exercice sur des parquets couverts de paille. Les deux
hiérarchies fonctionnaient à tour de rôle, selon que la
société agissait civilement ou militairement, et cette
combinaison fournissait encore un nouveau moyen pour
déjouer les recherches de la police et lui faire perdre
les traces de la conspiration.

Les premiers organisateurs de la Charbonnerie,

jeunes, encore obscurs, sans influence établie sur l'opinion publique, sentirent le besoin, pour entraîner toutes
les provinces dans le même mouvement d'émancipation,
de s'assurer le concours des hommes politiques qui
avaient la confiance de la France. Ils gagnèrent d'a-
bord à leurs vues, le général Lafayette, et comptèrent
bientôt dans leurs rangs un grand nombre d'hommes
considérables : beaucoup de députés, Manuel, Dupont
de l'Eure, Kœchlin, Voyer d'Argenson, Corcelles,
Audry de Puyraveau, Beauséjour, Tarayre ; des généraux, des colonels, Berton, Favier, Dentzel, Chatry-
Lafosse, etc.; des magistrats, de Schonen, etc.; les
principaux avocats, Mauguin, Mérilhou, Odilon-Barrot,
Barthe, Isambert, Plougoulm, Boinvilliers ; une foule
de citoyens qui, depuis, occupèrent des postes éminents, Cousin, Bérenger de la Drôme, Jollivet, Bernard,
Dubois de la Loire-Inférieure, etc.

Vers la fin de 1821, au moment même où l'association, ayant acquis tout son développement, se préparait
à agir avec vigueur, contre le gouvernement antinatio-
nal de la Restauration, Cabet devint un des principaux
chefs de la Charbonnerie. Dans un congrès réuni en
secret et où vinrent les commissaires d'un grand nombre de départements, il fut élu membre de la *vente suprême* ou comité directeur, où n'entrèrent que douze
membres. Dans ce comité, M. de Schonen et lui se
trouvaient être les seuls qui ne fissent pas partie de la
Chambre des députés.

Cabet a lui-même très nettement défini le caractère de
la Charbonnerie, et marqué la position qu'il prit au milieu des éléments politiques fort hétérogènes dont elle
se composait.

« La Charbonnerie, dit-il, dans un de ses ouvrages,
» était une conspiration militaire et bourgeoise, nulle-
» ment populaire; très peu d'ouvriers s'y trouvaient ;
» et le peuple était infiniment moins instruit qu'aujour-
» d'hui, moins familier avec la politique. — Cette char-
» bonnerie était une conspiration pour *renverser*, sans
» principes arrêtés pour le remplacement. Aussi, l'on
» trouvait quatre partis parmi les *Carbonari*, des Répu-
» blicains, des Napoléonistes, des Orléanistes et des
» Constitutionnels ou Nationaux, qui voulaient une
» Assemblée constituante ou nationale, pour choisir la
» Constitution et le gouvernement. Lafayette était à la
» tête des républicains exclusifs ou intolérants qui
» voulaint imposer la république : Manuel était le chef
» de ceux (et j'étais de ce nombre), qui désiraient une
» République, mais qui la voulaient établie par une
» représentation nationale.... »

Nous n'avons pas à reproduire ici toutes les péripéties
de la lutte inégale que la Charbonnerie soutint courageu-
sement contre le pouvoir que la France libérale tout
entière désirait en secret renverser; ni non plus à expliquer comment malgré le courage et le dévouement de la
plupart des conspirateurs, la trahison de plusieurs d'entre eux et l'imprudence d'un grand nombre, paralysèrent
tous les efforts, et jetèrent tant d'hommes généreux sur la
route de l'échafaud. L'échauffourée de Béfort commença
cette série de désastres. La Charbonnerie avait concentré
une partie de ses forces dans cette ville, choisie pour
donner le signal de l'insurrection, mais le soulèvement
fut comprimé dès sa naissance ; ce fut en vain que
Pailhès, Guinand et Pance déployèrent une admirable
énergie. La tentative dont La Rochelle fut le théâtre

amena des catastrophes plus déplorables encore. Après
ce malheur irréparable, le général Berton aima mieux
se laisser conduire à la mort que d'accepter l'hospitalité
sur la terre étrangère, Caron fut envoyé au supplice sans
pouvoir obtenir la cruelle satisfaction de dire un dernier adieu à sa femme et à ses enfants infortunés, et
les sergents Borics, Raoulx, Goubin et Pommier, mar-
tyrs immortels, furent immolés en place de Grève.

, Cabet eut sa large part de dangers dans cet assaut
donné à l'ancien régime par les amis de la Liberté, et
sans pouvoir signaler tous les services qu'il rendit au
sein de cette société, obligée de couvrir ses actes d'un
profond mystère, nous ressaisissons la trace d'un grand
nombre de circonstances où il joua généreusement sa
tête, pour hâter l'avénement d'une politique plus libérale. Au moment suprême de cette lutte implacable des
deux parts, il fut souvent envoyé en mission à travers
mille périls.

C'est ainsi qu'il risqua sa vie à Joigny, où il se rendit,
précédé de Dugied et de plusieurs autres conspirateurs,
gravement compromis avec la police. Dans ce voyage,
il fut obligé d'aller lui-même prendre son porte-manteau,
à un hôtel qu'il savait cerné et occupé par les gendarmes. Ceux-ci cherchaient particulièrement son ami
Dugied, mais ils pouvaient et devaient même naturellement arrêter tous les inconnus dont l'arrivée était
récente.

Bientôt après les affaires de la Charbonnerie l'appe-
lèrent à Dijon. Là, il reçut tout à coup la nouvelle que
tout était préparé pour faire éclater l'insurrection de
Béfort. Dans cette grave situation, il craignit qu'un
des agents de la société en Bourgogne, le capitaine X.,,

qu'il soupçonnait de trahison n'entraînât ses compatriotes à quelque prise d'armes inconsidérée, destinée uniquement à les faire tomber dans un piége, il s'empressa de retourner immédiatement à Paris, pour recueillir des informations plus précises et revint presque aussitôt en bravant le danger à peu près inévitable d'être arrêté. Cabet découvrit plus tard, après mille recherches, que ses soupçons étaient fondés. Le capitaine X...., officier de la Légion d'honneur, avait reçu 30,000 francs, à lui confiés pour acheter des armes; il les perdit au jeu. Comme il venait de sortir du nº 113 au Palais-Royal, décidé à se brûler la cervelle, un habile agent, chargé de le surveiller, l'aborda ; cet homme de police qui épiait son désespoir, le consola, le séduisit ; le coupable se laissa corrompre, et finit par trahir ses amis et par donner une liste de plus de cent conspirateurs de sa province, qui ne furent préservés de la mort que par une circonstance purement fortuite. Un tel transfuge, dont le rôle n'avait pas été sans importance, aurait pu, en outre, compromettre beaucoup d'autres carbonari de Paris. Deux patriotes énergiques se rendirent chez lui dans l'intention bien arrêtée de le punir, mais il les désarma, en avouant tout, et en les conjurant de le débarrasser d'une vie qui lui était à charge, et qu'il n'avait pas la force de s'arracher lui-même.

Tant que la Charbonnerie poursuivit son œuvre. Cabet demeura sur la brèche et montra le même dévouement, la même activité infatigable. Quelques jours avant la reddition de Cadix au duc d'Angoulème, il fit encore un voyage à Lyon. Mais après cet événement, affaiblie par ses défaites et plus encore par un hideux

système de provocation, que le gouvernement organisa
contre elle, la Charbonnerie se décomposa peu à peu ;
et, dès 1823 le comité directeur lui-même fut dissous.
Il ne faudrait pas croire pourtant que tous ces efforts et
ces sacrifices n'aient porté aucun fruit. La terreur que
la Charbonnerie avait inspirée à la Restauration, la
poussa aux mesures extrêmes et précipita la Révolution.
D'ailleurs, en juillet 1830, les éléments dispersés de la
Charbonnerie se retrouvèrent sur le champ de bataille,
pour vaincre l'ennemi commun dans un dernier combat.

§ 3. — Travaux divers auxquels se livre Cabet.

Les affaires privées de Cabet souffrirent toute sa vie
de son dévouement à la chose publique. Les procès
politiques de Dijon avaient gravement altéré sa santé et
brisé sa carrière d'avocat. Mais accoutumé dès l'enfance,
à observer la loi sévère du travail, il ne négligea rien
pour se procurer honorablement des ressources et pour
subvenir aux besoins de sa famille. Il se fit inscrire
au barreau de Paris dès 1822, et présenta la défense
d'un citoyen poursuivi pour avoir publié une brochure
contre la trahison et contre les traîtres. Mais il fut
obligé de s'avouer presque aussitôt, que le mauvais état
de sa vue lui interdisait absolument l'exercice de sa
profession chérie. Forcé, à son grand regret, de renon-
cer à la plaidoirie, il abandonna le barreau, et s'associa
avec l'un des avocats les plus riches et les plus estimés
de Paris, M. Decruzy, pour fonder un grand établissement de consultations et de correspondance, destiné
aussi à effectuer des opérations de banque. Il espérait
pouvoir de la sorte utiliser ses études spéciales et son

expérience. Les principaux avocats et beaucoup de
députés s'intéressèrent dans cette maison, par amitié
pour les deux fondateurs. Bientôt ceux-ci établirent une
succursale à Londres, en s'adjoignant un troisième asso-
cié, un proscrit ami de Thomas, recommandé par lui,
qui devait résider à Londres, tandis que Cabet voyage-
rait alternativement de l'un à l'autre pays. Les émolu-
ments de Cabet avaient été fixés à 12,000 francs. Mais
des événements imprévus, des bruits de guerre avec les
Anglais, surtout la crainte de compromettre, lui qui
était sans fortune, celle de son ami, le déterminèrent à
proposer la dissolution de l'établissement et à renon-
cer à une magnifique position, pour recommencer une
carrière que sa santé perdue rendait infiniment difficile.
Les opérations de la société avaient commencé en 1824
et la liquidation eut lieu en 1827.

Au mois de mai de l'année suivante, Cabet fut chargé
de la direction du *Recueil de jurisprudence générale*
de Dalloz. L'utilité et la supériorité de cette publication
étaient telles qu'à cette époque même, elle était contre-
faite en Belgique et traduite à Naples sous les auspices
du gouvernement. Le plan commode de l'ouvrage, les efforts de l'auteur pour rendre son travail de plus en plus
digne du succès qu'il avait bientôt obtenu, enfin les sacrifices considérables faits pour en augmenter les avantages
pratiques, rendaient ce répertoire de droit justement
célèbre. Cabet appelé à la direction de *la jurisprudence
générale* s'attacha surtout à introduire des améliorations
administratives, pour prévenir tout désordre financier
dans cette vaste opération. Il remplit cette fonction jusqu'au premier juin 1829 et eut pour successeur M. Grün.

Cependant ses pensées se tournaient toujours de pré-

férence vers les grandes questions d'intérêt général, et
il entreprit à la même époque un long et important
travail : *l'analyse et l'esprit de nos diverses Constitutions
et de nos Codes*. Il allait l'achever quand la révolution
de 1830 éclata. Il venait aussi de se faire inscrire pour
la seconde fois au tableau du barreau de Paris.

· Parmi les manuscrits qu'il a laissés se trouve encore
une pièce inédite, en quatre actes et presque entièrement en prose. Il est difficile d'en fixer la date ; toutefois nous pencherions à croire qu'elle fut composée
dans les dernières années de la Restauration, parce
qu'elle semble exprimer les pensées politiques de la
fraction des Carbonari à laquelle Cabet se rattachait
plus directement et qu'il désignait sous le nom de
Constitutionnels ou de Nationaux. Elle est sans titre,
mais on pourrait suppléer à cette lacune en la nom-
mant : « Le *Vrai Patriotisme* ». La scène est au Champ-
d'Asile entre des militaires débris des armées de l'empire. Le principal personnage est une sorte de général
philosophe, au caractère stoïque et républicain, qui place
le dévouement à la patrie et à l'humanité au-dessus de
toute autre considération. Il a pour amis un jeune colonel français qui s'est couvert de gloire en combattant les
armées de la Sainte-Alliance, et un vieux général pié-
montais son ancien frère d'armes qui vient le rejoindre
après que les insurrections de Naples et de Piémont
ont été comprimées ; et enfin pour enfant d'adoption,
une jeune fille héroïque, orpheline de l'armée, qui est
aussi la fiancée du vaillant colonel. On se réunit d'ordinaire, auprès d'un autel élevé en souvenir de la patrie.
Pendant qu'on disserte sur les événements qui ont re-
placé les peuples sous le joug de leurs anciens maîtres

après la chute de l'empire, et sur ceux qui présagent le triomphe futur de la Liberté, un envoyé de France vient apporter la nouvelle de la chute des Bourbons, (les termes qui annoncent cette catastrophe, montrent que ce n'est selon toute apparence qu'une fiction de l'auteur, ce qui permet de supposer que la pièce a été écrite avant la Révolution de 1830, comme le fait augurer le ton général du morceau entier). Cette grave conjoncture donne lieu à un débat, sur la meilleure forme de gouvernement, et le général conclut toujours pour la solution la plus libérale et la plus favorable à la souveraineté de la nation. Au dénouement les exilés s'embarquent pour aller défendre l'indépendance et les libertés de la France.

Nous ne croyons pas inutile de donner quelques extraits de cette composition qui semble avoir été surtout une œuvre de propagande démocratique.

Voici d'abord un hymne à la patrie.

I

Salut, France, salut! salut, France chérie!
Glorieux temple des arts et de la Liberté,
Pays de l'héroïsme et de l'urbanité,
Salut, amour, honneur et gloire à la Patrie!..

II

Seuls soutenant le poids de l'Europe en furie,
Par le nombre accablés, trahis mais non vaincus,
Persécutés, proscrits sur des bords inconnus,
Tes malheureux enfants regrettent la Patrie.

III

Lâches provocateurs d'une alliance impie,
Des nobles criminels, des prêtres factieux,

Tyrannisant la terre en blasphémant les cieux,
D'outrages et d'opprobes accablent la Patrie.

IV

Régnant par l'étranger, une race avilie,
A vendu ton honneur, profané tes lauriers,
Épuisé tes trésors, égorgé tes guerriers,
Dont les fils désarmés pleurent sur la Patrie.

V

Mais tous tes défenseurs n'ont pas perdu la vie,
Calmes dans les succès, fermes dans les revers,
Nous vivons dans l'espoir de rompre un jour tes fers,
Nous vivons pour venger l'honneur de la Patrie.

VI

Lève-toi donc enfin, sors de ton insomnie,
Foudroyés par la peur, tes tyrans sont à bas ;
Et si la guerre encore nous rappelle aux combats,
Nous mourrons s'il le faut pour sauver la Patrie.

Reproduisons aussi quelques pensées de ce général patriote, devenu agriculteur au Champ-d'Asile, où il semble avoir apporté une âme plus ferme encore que celle de Caton d'Utique, et qui, du moins, n'est pas fermée à l'espérance.

———

« Est-ce que l'art de nourrir les hommes mériterait
» nos mépris ? La charrue a-t-elle déshonoré tant de
» mains qui l'ont prise après de glorieux combats, et
» qui l'ont quittée pour saisir de nouveau la victoire?
» Tous les arts utiles ne doivent-ils par être estimés ?

» Je ne connais de méprisable que la stérile et dévo-
» rante oisiveté. »…..

———

« Porter les armes ne doit pas être un métier : tout
» citoyen, dans sa jeunesse, doit être formé aux exer-
» cices militaires ; pendant la paix, il se livre à l'agri-
» culture, à l'industrie, au commerce, aux arts, aux
» sciences, aux lettres, en un mot il travaille utile-
» ment ; et si la Patrie est attaquée, comme tous ses
» enfants sont également menacés, tous doivent pren-
» dre les armes pour la défendre. »

———

« La gloire n'est ni dans la force ni dans le triom-
» phe, pas plus que la honte n'est dans la faiblesse ou
» dans la défaite : la gloire n'est que dans la justice ;
» il n'y a d'admirable que ce qui est juste et utile. »

———

« L'invasion est le plus grand de tous les fléaux, et
» quand l'indépendance nationale est attaquée, rien ne
» doit empêcher de courir aux armes ; il faut d'abord
» repousser l'étranger, puis la nation doit avoir assez
» d'énergie pour forcer son gouvernement à respecter
» ses droits. »

———

« O ma chère Patrie ! que je te vois dans l'avenir
» resplendissante de gloire et de prospérité ! Tes enfants
» ont reconquis leurs droits d'hommes et de citoyens ;
» d'odieux priviléges, des distinctions humiliantes ne
» les diviseront plus ; il n'y aura de nobles que les ta-
» lents et surtout le patriotisme et la vertu ; l'industrie,
» les arts, le commerce prendront leur essor et fleuri-

» ront à l'abri de la Liberté ; les lois seront l'expression
» de la volonté générale ; le gouvernement et tous les
» pouvoirs ne seront constitués que dans l'intérêt pu-
» blic, les fonctions seront déférées par le peuple à des
» hommes dignes de sa confiance et de son estime ;
» l'administration.... ne s'occupera que d'améliorer le
» sort du peuple ;.... les pensées et les opinions poli-
» tiques et religieuses seront libres ;... l'instruction
» publique éclairera toute la jeunesse, formera surtout
» des hommes sentant la dignité de leur être, et des
» citoyens habitués à toutes les vertus civiles et patrio-
» tiques... Belle France ! tu vas reprendre ton rang
» parmi les nations, tu conquerras leur estime par tes
» institutions et leur amitié et par ta justice et ton res-
» pect pour les droits ; tu seras leur fanal, et leur
» modèle.... et bientôt la paix, la bienfaisante paix fera
» respirer les peuples devenus amis. »

« Si la Révolution devint violente, c'est qu'elle fut
» injustement attaquée ; si la République fut terrible,
» c'est qu'elle était une guerre ; c'est que la France était
» un vaste champ de bataille ; si la légitime défense
» entraîne des maux affreux, est-ce à elle qu'il faut
» les attribuer ? N'est-ce pas plutôt à la criminelle
» agression qui les a rendus nécessaires ?... »

« Quoi ! vous pourriez préférer l'intérêt d'un homme
» ou d'une famille à l'intérêt de vingt-huit millions
» d'hommes. Quoi ! le chef élu par la Nation unique-
» ment pour qu'il la rende heureuse, serait une idole à
» laquelle il faudrait immoler le bonheur de la Nation !

» .... Non, le souverain fût-il un héros, eût-il sauvé la
» Patrie..... La Patrie seule est tout ; c'est elle seule
» qu'il faut servir, il n'en est lui-même que le premier
» serviteur ; c'est elle seule qui paie les services, il
» n'est que le distributeur de ses récompenses.... Si le
» premier mandataire de la Nation remplit son devoir,
» s'il ne travaille qu'à la rendre heureuse, s'il a de
» grands talents, s'il lui rend de grands services, admi-
» rons-le, aimons-le, j'y consens, mais préférons-lui
» toujours la Patrie... »

Les autres personnages expriment aussi des sentiments élevés, dignes d'un théâtre qui aurait pour but
la culture de la moralité humaine.

« Je lui apprendrai surtout, dit le colonel Victor, en
» parlant du fils qu'il espère avoir, à payer d'une éter-
» nelle reconnaissance les maux et les soins que son
» enfance aura coûtés à sa mère ; je l'accoutumerai à
» la chérir, à la vénérer ; je lui dirai qu'il faut *qu'il*
» *respecte généralement les femmes*, s'il veut que les
» autres hommes respectent celle qui sera l'objet de
» son culte filial. »

La fiancée de Victor demande à s'associer à l'héroïsme des proscrits qui se préparent à combattre encore pour défendre ou conquérir la liberté des peuples.

« .... Les femmes sont-elles sans courage ? La nature
» nous-a t-elle condamnées à être lâches et pusilla-
» nimes ?.... *Si l'éducation développait nos facultés,*
» *au lieu de les paralyser et de les détruire*, croyez-
» vous que nous manquerions d'énergie ? les mères,
» les filles, les épouses n'ont-elles jamais donné des
» preuves d'un héroïque dévouement?... Je veillerai

4

» sur vous, je panserai vos blessures, je soutiendrai,
» j'enflammerai votre ardeur…. Je serai l'heureux té-
» moin de votre bravoure et de votre triomphe. »

§ 4. — Révolution de 1830.

On sait comment, lorsque parurent les fameuses or-
donnances de juillet 1830, au coup d'état de la cour,
l'héroïque peuple de Paris répondit par un coup de
foudre. Au moment où toutes les garanties légales leur
étaient enlevées, où le pacte fondamental était déchiré
au nom du roi, les citoyens se souvinrent qu'il est
des situations suprêmes où l'insurrection est le plus
saint des devoirs. L'élan fut spontané, unanime : la
presse libérale commença la résistance et fit appel à
l'insurrection ; le peuple, les écoles, la jeunesse, les
carbonari et tous les patriotes coururent aux armes et
se précipitèrent au combat sans concert, sans chefs et
sans direction. Après la victoire, comme on l'a dit,
quand on chercha le héros, on trouva tout un peuple.
Ce dévouement de la nation porta-t-il du moins ses
fruits ? obtint-il sa récompense ? O malheur ! ô honte !
Parmi les patriotes qui pouvaient diriger l'opinion, il
ne se rencontra aucun homme assez ferme, aucun esprit assez prévoyant, pour assurer les résultats du
triomphe populaire. Lafayette surtout, circonvenu par
les partisans du duc d'Orléans, manqua à sa mission ;
une confiance aveugle le rendit dupe de ses adversaires
politiques qui surent adroitement caresser sa vanité.
Les habiles, s'inspirant des traditions du régime déchu,
se mirent à l'œuvre pour enlever à la Révolution son
vrai caractère, et bientôt tout fut compromis, tout fut

perdu. Cabet pressentit un des premiers ce désastre ; il
lutta de toutes ses forces pour le prévenir, mais ce fut
en vain. Il a exprimé ses regrets amers du dénouement
fatal des événements, en racontant comment la ruse et
la perfidie firent passer le pouvoir aux mains des Orléanistes. Nous reproduisons cette page d'histoire si triste
en l'abrégeant et avec de légères modifications : « Je
» regarde la mort de Manuel, a-t-il dit, comme le plus
» grand malheur qui soit alors arrivé (Manuel s'éteignit
» dans l'isolement en 1827, mais le peuple lui fit de
» magnifiques funérailles). Il connaissait bien le duc,
» qui avait dit un jour en sa présence : « Je suis
» libéral ; néanmoins, si j'arrive au pouvoir, prenez
» vos garanties !... Autrement, tant pis pour vous ! » il
» avait refusé d'être son *conseil*, pour conserver son
» indépendance, ce n'est qu'après son refus que M. Du-
» pin avait été choisi ; et je suis convaincu que s'il
» avait existé, il aurait exigé la convocation d'une
» assemblée nationale. Lafayette, Laffitte, Béranger,
» ralliés autour de lui, auraient été beaucoup plus fer-
» mes et beaucoup plus utiles, et la vertu de Dupont de
» l'Eure aurait été cent fois plus fructueuse pour le
» pays, tandis que les Talleyrand, les Guizot, les
» Dupin, les Sébastiani, les O. Barrot, les Mérilhou,
» etc., n'auraient pas osé lutter contre lui! Un seul
» homme, cet homme était Manuel, prudent, habile,
» éclairé, scrutateur, connaissant parfaitement les
» vices des personnages d'alors, prévoyant, simple
» dans ses goûts, sans vanité puérile, sans ambition
» personnelle, tête froide et calme, cœur généreux
» et chaud, aussi ferme qu'intrépide, pas plus séduc-
» tible que corruptible, capable de tirer le sabre et de

» monter à cheval... Ah! que je l'aimais, que je l'ai
» regretté, Manuel !... Ce seul homme, dis-je, pouvait
» changer toutes les proportions entre les partis, toutes
» les combinaisons, tout... Thiers, par exemple, n'au-
» rait été qu'un bien petit garçon, à côté de Manuel !
» .... Et à l'Hôtel-de-ville, dans la Chambre, au Palais-
» Royal, bien d'autres hommes auraient eu devant lui,
» les uns plus de courage, les autres moins d'au-
» dace !... »

« Mais après la dissolution de la Charbonnerie et la
mort de Manuel, le parti d'Orléans s'était grossi et organisé. De Schonen, O. Barrot, Mérilhou, Barthe, Béranger enfin, à ce qu'on croit, s'y étaient ralliés et travaillaient pour lui. Il paraît aussi que plusieurs confi-
dents intimes de Lafayette, influents sur son esprit, en
particulier MM. Carbonnel et Joubert, étaient secrètement dévoués à ce parti.

» Tous les libéraux, quel que fût leur drapeau, mar-
chèrent au combat, avec la même ardeur et le même
courage, et vainquirent d'un commun effort. Ainsi le
républicain Guinard, et l'ancien républicain Joubert,
devenu Orléaniste, partirent en même temps de la cour
Dauphine, à la tête d'une petite troupe armée, et entrèrent ensemble aux Tuileries. Mais les Orléanistes
seuls étaient organisés ou s'organisèrent subitement,
ce qui leur permit de s'emparer de tous les fruits de la
victoire.

» Si Lafayette, à l'Hôtel-de-Ville, avait voulu proclamer
la *République*, ou du moins exiger la convocation
d'une assemblée nationale, ou stipuler des garanties,
il le pouvait, car il avait la confiance absolue des combattants, de la Jeunesse et du Peuple, il était réelle-

ment *dictateur* : et s'il avait pris formellement la dictature pour organiser une Constitution républicaine, le peuple aurait applaudi avec transport. Les républicains Carbonari, qui l'avaient connu républicain exclusif et absolu, ne pouvaient douter qu'il ne proclamât la République.

» Mais les Orléanistes l'entourèrent ; d'anciens républicains exaltés, qui faisaient défection, le séquestrèrent pour ainsi dire, et se placèrent en sentinelle à sa porte, pour l'isoler et le soustraire à l'influence des républicains fidèles, tandis que le maréchal Gérard, O. Barrot, son fils Georges, le déterminèrent à accepter le duc pour lieutenant-général et pour roi, sans assemblée nouvelle et sans aucune garantie en faveur des libertés publiques.

» De ce moment tout fut décidé, irrévocablement décidé ; car tout se prononça pour le duc, Lafayette et son état-major, formé de républicains défectionnaires ou entraînés, la commission municipale, composée de MM. de Schonen, Lobeau, C. Périer, Mauguin, Audry de Puyraveau ; ses secrétaires : O. Barrot, Mérilhou, Barthe, Plougoulm ; Laffitte et les députés, Talleyrand et les pairs, Arago et Béranger, toutes les notabilités, les journaux de l'opposition, le *National*, le *Constitutionnel*, le *Courrier-Français*, le *Commerce*, etc., la garde nationale, enfin la plus grande partie du peuple, parmi lequel on répandait 7 à 800 mille francs pour exciter à crier et à courir au Palais-Royal, tandis que le reste laissait faire, ébloui, fasciné, entraîné par Lafayette, Laffitte, Benjamin Constant, etc., qui possédaient toute sa confiance.

» Dans cette situation, que pouvaient faire les répu-

blicains restés fidèles aux principes, eux qui étaient très
peu nombreux, sans notabilité, sans aucune influence,
sans aucun moyen d'action sur le peuple, dans le
désordre et la désorganisation d'une armée qui vient
d'être trahie par son général et tous ses officiers, et
qu'une surprise a jetée dans une complète déroute? Ils
ne pouvaient plus rien faire, rien entreprendre. Cependant, ne consultant que leurs convictions, leurs répu-
gnances et leur courage, ils eurent à plusieurs reprises
la pensée de s'opposer à tout empiétement sur les droits
imprescriptibles de la nation, déjà si souvent violés,
mais ils reconnurent aussitôt leur complète impuissance
et virent bien que, s'ils eussent voulu recommencer
l'insurrection, les Orléanistes organisés, Lafayette et les
républicains défectionnaires, la garde nationale et une
grande partie du peuple, l'autre partie restant indiffé-
rente et spectatrice immobile, les auraient exterminés,
comme ils l'ont fait si souvent depuis. »

Telle était, en effet, à cette époque l'inexpérience
politique des masses qu'il n'était que trop facile de leur
faire prendre le change et de les abuser entièrement!

La coopération de Cabet à la Révolution fut active et
énergique. Le mauvais état de sa vue, ne lui permit pas
de prendre un fusil, dont il n'aurait pu apercevoir le
point de mire, mais, tout ce qui fut en son pouvoir, il
le fit. Il devint membre dès le premier jour, de la première municipalité insurrectionnelle, dans le onzième
arrondissement, quartier du luxembourg, avec Népo-
mucène Lemercier, Renouard, Decruzy, Cousin qui lui
adressa ces paroles : « Il n'y a que vous et moi de
révolutionnaires ici. » Il fit en compagnie de ses collègues une proclamation qui fut publiée et placardée avec

leurs signatures, fait qui, en cas de défaite, compromettait leurs têtes aussi certainement à coup sûr que
les combattants compromettaient les leurs dans la rue.

Pendant les journées des **27, 28, 29** et **30** juillet qui
durèrent des siècles pour ceux qui étaient engagés dans la
lutte, Cabet fut tellement absorbé par les travaux de sa
mairie qu'il ignorait tout ce qui se passait au delà des
barricades de son quartier. Il ne trouva pas un seul
instant pour se jeter sur un lit; il ne put même pas
rentrer une seule fois chez lui, quoiqu'il habitât à une
bien petite distance, rue du Jardinet. Sa famille qui
ne reçut de lui aucune nouvelle, fut constamment en
proie à de mortelles inquiétudes.

Le palais du Luxembourg et quelques pairs qui s'y
étaient réunis couraient risque d'être attaqués par l'insurrection; la commission municipale du onzième les
protégea contre toute agression ; mais elle repoussa
les propositions du roi, qui furent apportées par M. de
Sémonville, après que M. de Mortemart eût été investi
des pleins pouvoirs du monarque.

Même après la défaite des troupes de Charles X,
Cabet fut cloué sur place, parce qu'on craignait dans
son arrondissement que la garde royale qui était à
Saint-Cloud et à Sèvres, n'opérât sa jonction, vers les
barrières du Mont-Parnasse et d'Enfer, avec les Suisses
arrivant d'Orléans et l'artillerie qui venait de Vincennes,
pour entrer dans le faubourg Saint-Germain et marcher
sur l'Hôtel de ville.

C'est seulement le **30**, dans la soirée qu'il put aller
voir Mauguin, à l'Hôtel-de-Ville. Il fit part à son ami des
appréhensions qu'il concevait déjà sur la marche des
événements : « Soyez tranquille, lui répondit Mauguin,

nous organisons vingt bataillons populaires, avec une
solde de 2 francs par jour ». Ces mots le rassurèrent,
tout lui parut garanti, mais quand il apprit plus tard
que le projet avait été presque aussitôt abandonné, il
pensa que tout était compromis.

Par suite d'une circonstance singulière, ce même
jour 30 juillet, Cabet sauva peut-être la vie au duc d'Orléans. Il eut un grave entretien avec un citoyen qui était
très irrité contre tous les Bourbons, qui parlait de se
dévouer, de tuer le duc d'un coup de fusil. C'était un
de ces héroïques ouvriers qu'aucun péril n'arrête, quand
ils croient servir la Patrie, un combattant des barricades qui venait d'affronter la mort pendant trois jours.
Sans connaître le duc, il le croyait funeste à la Révolution, et voulait par patriotisme l'immoler à la Liberté.
Cabet fit appel à sa raison, s'efforça de lui démontrer
que son ardeur révolutionnaire l'égarait, combattit sa
résolution désespérée, en un mot, il arrêta son bras.
Sans lui, on peut le croire, le duc d'Orléans était
perdu, il recevait sur les barricades la mort au lieu
d'une couronne ; car elle était intrépide et sûre la main
qui se préparait à le frapper !

Les sentiments qui animaient Cabet à cette époque
sont bien connus, il aurait préféré la *république*. Mais
il a déclaré lui-même qu'il se serait contenté de voir
établir une monarchie constitutionnelle *démocratique*,
une monarchie populaire entourée d'institutions républicaines. S'il avait eu l'influence de Lafayette, de Laffite,
de Dupont de l'Eure, il aurait probablement demandé
la proclamation de la République, et tout au moins il
n'aurait jamais accédé à la formation d'un nouveau

gouvernement monarchique sans le vote d'une Assemblée nationale. Quoiqu'il n'eût jamais eu de relations avec le Duc et qu'il ne l'eût jamais vu, quoiqu'il n'eût alors pour ce personnage ni répulsion ni prédilection, il fut mécontent et attristé, en apprenant sa proclamation qui prenait pour point de départ la Charte octroyée de 1814, sa nomination comme *lieutenant-général du royaume* au lieu du choix d'un gouvernement provisoire, et sa réception à l'Hôtel-de-Ville par Lafayette et la commission municipale qui ne surent pas défendre le pouvoir populaire contre ses ambitieux desseins et ses empiétements audacieux. Le spectacle de pareils faits inspirait à Cabet les plus vives alarmes pour l'avenir de la Révolution ; mais dans l'impossibilité absolue où il se trouvait d'arrêter le cours des événements, il était condamné à se résigner.

Cependant un grand nombre de jeunes gens, partisans de la République se réunirent le 31, au soir, pour délibérer sur la situation. Ils avaient pris la part la plus active au combat et désiraient que la Nation tout entière recueillît les fruits de la victoire ; ils se montraient disposés, malgré leurs opinions, à accepter la monarchie constitutionnelle, mais ils voulaient des garanties ; ils s'inquiétaient du titre de lieutenant-général et de la confiance avec laquelle on abandonnait le pouvoir à un seul homme, à un prince, proche parent du dernier roi, sans exiger de lui des sûretés ; agités par la fièvre des événements, encore armés, prêts à retourner au combat, ils avaient parlé d'insurrection ; ils préparèrent même une proclamation, une sorte d'appel aux armes, mais ils se séparèrent sans rien décider, en se donnant rendez-vous pour le lendemain

matin, dimanche, à·huit heures, dans le salon Lointier,
rue de Richelieu, près du boulevard.

Un ami de Cabet, présent à cette première réunion,
alla aussitôt le prévenir et l'engagea à se rendre à l'assemblée du lendemain, disant qu'il pourrait avoir quelque influence sur des hommes qui le connaissaient tous,
et dont plusieurs étaient très liés avec lui.

Le 1er août, en effet, sans avoir vu personne, Cabet
s'empresse de se rendre de bonne heure chez Lointier.
N'y trouvant que quelques citoyens inconnus, il sort
un moment et rencontra par hasard Mauguin. « Où allez-
vous, lui dit-il. — Au Palais-Royal, répondit Mauguin ;
Venez avec moi. — Je le veux bien », reprit-il. Il accepta
avec d'autant plus d'empressement qu'il était curieux
de juger par lui-même des dispositions du duc, surtout
avant la discussion qui allait s'ouvrir entre les républicains. Quoiqu'il n'eût jamais vu le prince antérieurement, il lui exposa avec une entière franchise ses principes et la situation des esprits, en lui apprenant d'où
il venait et où il allait retourner ; en lui faisant connaître, en un mot, combien l'entretien auquel ils se li-
vraient pouvait avoir d'importance. Le duc expliqua
aux deux amis ses opinions, ses intentions et son système politique qu'il résumait lui-même laconiquement
par ces deux mots : *Monarchie républicaine.* Il montra
sur tous les points qui furent abordés dans la conversation, l'esprit le plus libéral. Cabet n'entendit pas sans
étonnement les protestations de patriotisme du prince,
mais il n'était pas homme à se laisser éblouir. Il le
conjura d'adopter franchement la Révolution, de refuser
le pouvoir que lui offraient des corps ou plutôt des individus sans mandat, et de convoquer un *congrès national,*

nommé avec la mission spéciale de faire une Constitution et de choisir le chef de l'État. Il ajouta, à la grande surprise de son compagnon, qu'il n'y avait pas de plus grand danger pour le duc que de donner sa confiance à Talleyrand, à Dupin et à Sébastiani.

En sortant du Palais-Royal, il revint chez Lointier, et y trouva alors une réunion nombreuse. On examinait s'il fallait recourir de nouveau aux armes, et proclamer la Répulique. Cabet raconta la visite qu'il venait de faire, et fit connaitre ce que le prince lui avait déclaré. Il combattit le projet d'insurrection, comme n'ayant aucune chance de succès. Et comment auraitelle réussi, en effet, puisque, si elle éclatait, elle allait avoir pour principal adversaire, le chef même des Républicains, le général Lafayette? Il représenta vivement que le nombre des Républicains était faible, que leur parti était complétement dépourvu d'influence, par suite de la défection des principaux chefs, de Lafayette surtout qui acceptait la monarchie républicaine du duc d'Orléans, et faisait partager à ce roi des barricades sa propre popularité. Il fit ressortir les conséquences funestes que pouvait avoir pour les partisans de la République, une tentative qui serait nécessairement étouffée dans le sang. Il conclut en disant que ce qui lui paraissait le plus sage, le plus utile et le plus opportun pour les patriotes, c'était de se rallier, de s'associer et de s'organiser fortement. Ils étaient réduits à la nécessité d'accepter la situation telle qu'elle était, ils devaient prêter leur concours au duc d'Orléans si celui-ci entrait franchement dans la voie nationale et libérale, mais aussi, en restant étroitement unis, se tenir prêts à combattre et à lui enlever le pouvoir s'il était infidèle à

ses promesses. La discussion fut si ardente qu'un des amis les plus dévoués de Cabet, contrarié par le résultat qu'il prévoyait, et transporté d'une sorte de délire, fit un geste menaçant contre lui. Néanmoins on se sépara paisiblement, après avoir résolu seulement de rédiger une espèce de programme exprimant les garanties désirées. Ce mémorandum républicain fut porté et lu à l'Hôtel de ville dans cette même journée.

Ce fut aussi le premier août que Dupont de l'Eure avec qui Cabet était bien étroitement lié depuis longues années déjà, appela son ami auprès de lui, au ministère de la justice. Cabet s'attacha au ministre sans titre officiel et sans traitement, comme ami dévoué ou comme secrétaire intime.

En arrivant, il rencontra Béranger, dans la grande salle qui précède le cabinet du ministre, vers la croisée à droite, il saisit cette occasion pour lui témoigner son étonnement de ce que la proclamation du duc parlait de la charte de Louis XVIII, et il fut bien plus étonné de voir Béranger s'emporter contre ses objections, il s'emporta alors de son côté; et ils se seraient peut-être brouillés, si le frère de Manuel qui assistait à la discussion, ne les eût pas apaisés.

Cependant les événements se précipitaient, et les droits de la nation étaient de plus en plus oubliés et méconnus. Dès le matin du 3 août, effrayé de la tendance contre révolutionnaire qu'il apercevait partout, Cabet se hasarda à écrire au duc la lettre suivante (1):

(1) Cette lettre a déjà été publiée plusieurs fois dans divers écrits de Cabet. Néanmoins nous croyons devoir la reproduire ici en entier à cause de l'importance des considérations qu'elle contient.

3 août 1830

AU DUC D'ORLÉANS.

« Prince,

» Vous exprimer une opinion sur la crise d'aujour-
» d'hui, c'est sans doute une témérité.

» Cependant, l'avis du plus obscur citoyen peut
» n'être pas inutile à ceux à qui la flatterie, l'intrigue
» et l'ambition s'efforcent ordinairement de cacher la
» vérité.

» Tout dévoué à mon pays, désirant avant tout son
» bonheur, et convaincu que vous pouvez assurer ou
» compromettre son salut, j'hésite d'autant moins à
» vous écrire que j'ai aussi la conviction que vous êtes
» trompé, et que l'erreur dans laquelle on vous entraîne
» peut être funeste à la Patrie comme à vous.

» Le peuple vient de s'affranchir au prix de son
» sang; il a souffert des maux affreux ; il a bravé d'ef-
» froyables catastrophes ; ses sacrifices et ses dangers
» ne peuvent être stériles ; il a voulu la Liberté, il la
» veut, il doit l'avoir comme il l'a conquise.

» Vainqueur, il a la conscience de sa force irrésis-
» tible ; il combattrait de nouveau s'il était nécessaire,
» et de nouveau il triompherait encore.

» Vous ne pouvez vous le dissimuler, Prince, les
» terribles vices de la royauté, votre race qui rappelle
» les derniers oppresseurs du pays, et même votre
» longue inaction qui, dit-on, n'a cessé que trop tar-
» divement, vous ont fait de nombreux adversaires.

» Cependant si vous reconnaissez formellement la
» souveraineté nationale, si vous n'arrivez au trône

» qu'en vertu d'une Constitution délibérée par les re-
» présentants spéciaux de la nation, approuvée par elle
» et jurée par vous, tous les citoyens, même les répu-
» blicains les plus ardents, se rallieront sincèrement
» et unanimement autour de vous; et véritablement
» élu par la nation la plus héroïque, la plus franche et
» la plus aimante, vous serez bientôt le plus respecté,
» le plus chéri, le plus puissant et le plus heureux de
» tous les monarques.

» Mais ces mêmes Républicains, fidèles à la protes-
» tation des représentants de 1815 (1), veulent absolu-
» ment ne reconnaître un roi qu'autant qu'il aura ac-
» cepté la Constitution délibérée par les représentants
» du pays, et ratifiée par celui-ci.

» Or, tandis qu'on veut une *constitution* délibérée,
» vous parlez de la *Charte* (dont l'origine est illégitime

(1) On sait que les représentants de 1815 prévoyant que le principe
de la souveraineté rationale allait être violé, firent à l'avance leurs ré-
serves et déclarèrent dans une protestation devenue célèbre :

« Que le gouvernement de la France, quel qu'en puisse être le chef,
doit réunir les vœux de la nation légalement émis ;

» Qu'un monarque ne peut offrir des garanties réelles, s'il refuse
d'observer une CONSTITUTION DÉLIBÉRÉE par la représentation nationale et acceptée par le peuple;

» Qu'ainsi tout gouvernement qui n'aurait d'autres titres que des
acclamations et les volontés d'un parti, ou qui serait imposé par la
force, ou qui n'adopterait pas les couleurs nationales, et ne garantirait pas la liberté... légale, etc., etc., n'aurait qu'une *existence
éphémère*, et n'assurerait pas la tranquillité de la France ni de l'Europe.

» Que si les bases énumérées dans cette déclaration pouvaient être
méconnues ou violées, les représentants du peuple français, s'acquittant
d'un devoir sacré, protestent d'avance, à la face du monde entier,
contre la violence et l'usurpation ».

» et frauduleuse, et dont les vices nombreux ont attiré
» sur la France seize ans de calamités. En second
» lieu le bruit se répand généralement que les députés
» actuels (qui n'ont point été élus pour cet objet spé-
» cial et fondamental, et qui ne sont même ni constitués
» ni complétement rassemblés), vont s'empresser de
» vous offrir la couronne, définitivement et sans con-
» sulter la Nation, comme si ces députés voulaient ob-
» tenir vos faveurs par leur adulation, ou comme si,
» effrayés du danger de leur position, ils étaient impa-
» tients de tout sacrifier à leur sécurité personnelle.

» Cette précipitation et cette irrégularité ne parais-
» sent nullement nécessaires, surtout si les vaincus
» ont abdiqué.

» Je me rassure quand je considère que votre conduite,
» votre sagacité, vos discours et toute votre conduite
» passée, inspiraient une grande confiance au prudent
» et patriote Manuel, quand je considère encore qu'au-
» cune force humaine ne pourrait aujourd'hui entraver
» la liberté française.

» Mais ceux qui ne vous connaissent aucunement, et
» qui se rappellent comment Bonaparte a abusé de la
» confiance nationale, comment le comte d'Artois a
» abusé de sa qualité de lieutenant-général du royaume,
» comment Louis XVIII, éludant sa promesse d'accep-
» ter la constitution de 1814, y a substitué une charte
» octroyée, comment cette charte a été cent fois violée
» par son auteur et par Charles X, et comment les rois
» de Naples, d'Espagne et de Portugal, etc., ont violé
» leurs serments ; tous ces citoyens que tant de décep-
» tions ont rendus soupçonneux et défiants, s'inquiè-
» tent et s'irritent, s'alarment, s'indignent: Plus le der-

» nier combat est récent, plus la victoire leur a coûté
» cher, plus la crainte d'en voir les fruits perdus entre
» les mains d'intrigants et d'ambitieux, excite leur
» irritation contre eux et contre ceux dont ils accusent
» la lâche complaisance et la perfide cupidité ; et quoi
» qu'on puisse vous en dire, cette irritation peut, j'en
» suis convaincu, amener d'affreuses convulsions.

    » Puissiez-vous, Prince, repousser maintenant le pou-
» voir qu'on semble vouloir vous forcer à prendre!
» puissiez-vous n'accepter la couronne qu'après qu'une
» grande Assemblée nationale, spécialement élue, vous
» l'aurait offerte avec une nouvelle constitution ! Ce
» refus, vous gagnant tous les esprits et tous les cœurs,
» vous investissant provisoirement de toute la con-
» fiance et de toute l'autorité nécessaires, vous assu-
» rerait l'unanimité nationale, et préserverait notre
» belle Patrie des nouveaux malheurs qui la menacent.

    » J'ai l'honneur d'être, etc.

                         » CABET. »

Cette lettre qui défendait si nettement les principes,
Cabet trouvait, à distance des événement, qu'elle expri-
mait encore de sa part trop de confiance. Mais personnellement, il connaissait encore très peu le duc et l'opinion se prononçait presque partout ouvertement pour
ce dernier. Ses empiétements sur les droits populaires,
calculés avec adresse, passaient inaperçus, ou ne provo-
quaient que des protestations tout à fait partielles bien
qu'énergiques quelquefois (1). L'enthousiasme qu'il exci-

(1) Il y eut une circonstance cependant où le prince dut concevoir
des craintes bien graves, c'est lors de sa visite à l'Hôtel de ville. Le
général Dubourg lui fit entendre des paroles sévères, empreintes
même d'une assez grande rudesse. Les Républicains et les Napoléo-

tait était même alors à peu près universel ; les habiles
l'avaient préparé, et les meilleurs citoyens s'abandonnaient pour la plupart avec confiance à des illusions
qui leur faisaient concevoir les espérances les plus flat-
teuses. C'était encore un premier moment de surprise.
Toutes les plumes, toutes les bouches en crédit célé-
braient ses vertus, le *National* rappelait une lettre de
Paul-Louis Courrier qui lui attribuait des qualités di-
vines ; les ouvriers en blouse et les bras nus montaient
la garde dans l'intérieur du Palais-Royal ; la masse du
peuple en encombrait les cours, et le prince chantait
avec elle la *Marseillaise* du haut d'un balcon. La jeunesse, l'École polytechnique, l'École de droit, les
Chambres, la Garde nationale, les députations des départements, la population entière faisaient entendre
partout des acclamations passionnées en faveur du
nouveau chef du pouvoir.

Cabet ne pouvait s'empêcher de tenir compte de cet
état des esprits, et pourtant il éprouvait de vives anxiétés
en songeant à l'avenir de la Révolution. Il est peut-être
le premier qui, dès le 3 août au matin, ait demandé au
prince de refuser la couronne qui lui était offerte sans
que la Nation eût été consultée, de proclamer solennellement et d'une manière formelle la souveraineté du
peuple, de convoquer une nouvelle Assemblée nationale, d'entrer à pleines voiles dans la Révolution

nistes paraissaient disposés à exiger de sérieuses garanties, mais Lafayette et Laffitte se portèrent en quelque sorte cautions pour le Duc.
La popularité de ces deux chefs de la Révolution le rendit populaire
lui-même, et son influence s'établit surtout à l'instant même où ses
espérances ambitieuses se trouvaient sur le point d'être anéanties.

démocratique, et de consacrer cette Révolution à l'intérêt des travailleurs.

Le Duc remit la lettre de Cabet à M. Laffitte en lui demandant s'il le connaissait. En outre, d'après son désir, M. Laffitte écrivit à Cabet, et l'engagea de la part du prince à aller voir celui-ci au Palais-Royal. Cabet lui parla avec une entière franchise, et le candidat à la royauté l'encourageait lui-même à développer toutes ses observations. A l'entendre, il se ralliait aux principes les plus généreux et les plus populaires ; personne n'aimait plus que lui la liberté, l'indépendance, la gloire et le bonheur de sa patrie.

Le même jour ou le lendemain, M. Bérard venu le soir à la chancellerie, communiqua à Cabet, le projet qu'il avait présenté à la Chambre des députés, pour étendre et améliorer les institutions du pays. Cette motion semblait adopter pour base le principe de la célèbre déclaration de la Chambre des représentants pendant les Cent-jours.

Cependant la discussion était ouverte à la Chambre. Les députés élus avant la Révolution, et qui, par suite, pouvaient être considérés comme n'ayant plus aucun mandat, ne songeaient qu'à se perpétuer dans leurs fonctions. Déjà ils se préparaient à conserver la Charte, en se bornant à la réviser. Effrayé de ces dispositions, ne voyant aucune réclamation dans les journaux, tous dévoués au pouvoir qui s'élevait, Cabet, qui désirait faire luire la lumière sur une situation si fausse, se hasarda à faire imprimer et distribuer une nouvelle lettre au duc d'Orléans. Il y travailla toute la nuit du 6 au 7 août, et le lendemain matin il la porta à l'imprimerie de Duvergier. Le prote lui promit de la lui livrer avant midi. Mais plusieurs circonstances fortuites retardèrent l'impression, et les exemplaires lui furent envoyés trop tard pour être distribués aux députés. La lettre contenait six propositions principales, Cabet voulait : 1° Qu'on se bornât à l'élection du monarque ; 2° que la Chambre fût immédiatement dissoute ; 3° Qu'une grande *Assemblée nationale*, unique, fût élue par le Peuple, sans aucun cens d'éligibilité ; 4° qu'une nouvelle *Constitution* fût rédigée par cette assemblée nouvelle ; 5° que les *Tribunaux* fussent à l'instant complétement renouvelés ou réorganisés ; 6° que la Chambre des pairs de la Restauration fût dissoute (1). Après avoir discuté ces questions il terminait ainsi :

« Vous dites, Prince, que vous êtes *attaché de cœur*
» *et de conviction aux principes d'un gouvernement*
» *libre, et que vous en acceptez* TOUTES LES CONSÉ-
» QUENCES; vous reconnaissez la souveraineté nationale,
» vous êtes fier de tenir la couronne du peuple, vous
» désirez une MONARCHIE RÉPUBLICAINE.
» Devons-nous vous croire?

(1) « Les pairs existent-ils encore?
» Il n'y en a plus, parce qu'il n'y a plus de Bourbons et plus de
» Charte.
» En 1814, dans les Cent jours, en 1815, a-t-on balancé à renver-
» ser la pairie?
» Tout ce qu'il y avait de national dans le Sénat n'a-t-il pas été
» renvoyé?
» L'émigration, le jésuitisme, la contre-révolution ont composé la
» Pairie d'aujourd'hui....
» L'hérédité d'ailleurs est un vice radical, qui ne peut être extirpé
que par un remède radical aussi....
» L'Assemblée nouvelle pourra reconstituer une nouvelle Pairie li-
» mitée, non héréditaire. ...

» Oui. Vous avez toujours été Français, et ne poûvez
» vouloir que le bonheur de votre Patrie; vous êtes
» d'ailleurs trop sage et trop éclairé pour ne pas com-
» prendre que votre véritable intérêt est de vous iden-
» tifier avec la nation. Vous reconnaissez hautement
» que la *sincérité* est la première qualité des rois; vos
» vertus privées, la délicatesse de votre désintéresse-
» ment, la noble simplicité de vos mœurs, votre nom-
» breuse famille, l'éducation de vos fils, tous vos dis-
» cours, toute votre conduite, vous conquièrent la
» confiance universelle.

» Vous semblez fait pour les circonstances, comme
» les circonstances paraissent préparées pour vous.

» Eh bien, avancez hardiment, nettement, complète-
» ment, dans la carrière nationale.

» Point de tergiversation, point de demi-mesures.

» Soyez plus libéral et plus énergique que les dé-
» putés d'aujourd'hui et que vos propres conseillers.

» Appuyez-vous sur la jeunesse et sur le peuple qui
» viennent de combattre et de vaincre, sur ce peuple
» et cette jeunesse aussi justes et vertueux dans la paix
» qu'héroïques dans la guerre. C'est là qu'est la force,
» c'est là qu'est le dévouement à la liberté et à la patrie.
» Électrisés par la victoire, engagés aux yeux de la
» France et de l'univers, ils ne déposeront les armes
» que quand les droits de la nation seront consoli-
» dés; mais cédez à leur vœu : ce sont eux qui
» vous ont procuré la couronne, ce sont eux qui la
» défendront.

» Gouvernez, renvoyez des chambres qui n'existent
» plus, convoquez une grande Assemblée nationale,
» renforcez votre conseil par des ministres décidés et

» populaires, en y appelant de nouveaux Dupont de
» l'Eure.

» Ne craignez rien.

» Si la loyauté de votre caractère ne nous rassurait
» pas, c'est nous qui devrions craindre que vous ne
» fussiez bientôt trop populaire et trop puissant. »

Vains efforts! les deux Chambres étaient en très
grande majorité composée d'hommes politiques imbus
des traditions du régime déchu. Elles avaient hâte surtout d'enlever au peuple tous les fruits de la victoire,
pour en faire jouir exclusivement la bourgeoisie. Les
Guizot, les de Broglie, les Talleyrand, les Sébastiani,
les Dupin, les C. Perrier voulaient une quasi-restaura-
tion ; les amis de la liberté, les Lafayette, les Lafitte,
les Dupont de l'Eure, les Béranger, les B. Constant
étaient trop confiants, ils s'abandonnaient à trop d'illusions, et fondaient sur le caractère du Duc des espérances qui devaient être amèrement déçues. Tout fut
décidé avec une précipitation extrême. En sept heures
on révisa la Charte, on déclara le trône vacant, on élut
Louis-Philippe Ier pour l'occuper. Ce fut l'œuvre de deux
cent-dix-neuf députés, cent quatre-vingt-sept pairs
y adhérèrent. Une faible opposition essaya de résister,
et de maintenir intacts les droits de la Nation, mais ti-
midement et sans succès. L'aveuglement alla jusqu'à
maintenir tous les juges de la Restauration sous
l'étrange prétexte de l'inamovibilité, comme si la Révolution qui venait d'anéantir l'inamovibilité de Charles X
et de sa dynastie entière, n'avait pas, du même coup,
détruit l'inamovibilité de ses juges. Châteaubriand n'a-
t-il pas eu raison de dire que ce fut là une charte bâ-
clée en trois coups de rabot dans une arrière-boutique?

Plusieurs députés qui avaient donné leur voix au milieu de la précipitation, de la confusion, de l'erreur ou de la surprise, ont déclaré depuis à Cabet qu'ils auraient voté autrement s'ils avaient eu connaissance de sa lettre. Au reste, elle n'aurait eu probablement d'influence que sur un bien petit nombre de membres de l'assemblée tant les esprits étaient fascinés !

Ainsi un roi fut nommé à la place d'un autre ; on introduisit quelques modifications dans la charte, et tout fut fini ; on ne renversa même pas la loi électorale de la Restauration (1).

Dupont de l'Eure était, de l'aveu de Guizot, de Louis-Philippe lui-même et de son entourage, tout-puissant par sa popularité; Cabet le pressait chaque jour de présenter une loi électorale ou sa dmission. Cette loi fut, en effet, préparée et discutée dans une espèce de *conseil officieux*, formé aussi sur l'initiative prise par Cabet. Il était composé de Mérilhou, O. Barrot, Barthe, Nicod, Bernard, Isambert, Comte, Barbaroux, c'était l'élite du barreau libéral. Mais le ministre, malheureux dans ses grandeurs, influencé secrètement par d'autres amis dévoués au roi, conserva son portefeuille de douleur sans parvenir à obtenir ni la loi d'élection, ni la convocation d'une nouvelle Chambre. On se trouvait déjà sur une pente fatale, les fautes des premiers jours amenaient leurs conséquences funestes autant qu'inévitables.

Mécontent, désolé, presque désespéré même de la

(1) Ce n'est que le 15 avril 1831 qu'une nouvelle loi électorale fut votée ; le cens y fut réduit il est vrai, mais pourquoi ne pas l'abolir ? Pourquoi n'admettre que deux cent mille électeurs environ et trois mille éligibles sur trente-deux millions d'habitants.

marche rétrograde qui se manifestait chaque jour davantage, Cabet poussa la franchise jusqu'à déclarer, au sein du Conseil dont nous venons de parler, que la Révolution lui paraissait perdue, et qu'une *nouvelle révolution* lui paraissait inévitable ; ce ne fut qu'un cri presque unanime d'étonnement et d'indignation. Et peut-être se forma-t-il alors un petit complot ténébreux pour éloigner la malheureuse Cassandre qui augurait si mal de l'avenir.

Il y avait encore un autre motif qui faisait désirer ardemment à un grand nombre qu'il ne prêtât pas plus longtemps son concours à Dupont de l'Eure. Le secrétaire intime du ministre de la justice s'opposait consamment à toutes les nominations de faveur ; il gênait tous ceux qui sollicitaient des places pour leurs parents ou leurs amis, tandis qu'il compromettait ses meilleures relations en refusant son appui, même à ceux qui lui tenaient de plus près, quand ils aspiraient à des fonctions qu'il ne les jugeait pas aptes à remplir. Comme on lui croyait un grand crédit, il était sans cesse obsédé alors par une foule de gens qui faisaient la chasse aux emplois et imploraient son intervention, gage assuré de succès à leurs yeux. Depuis, il en est beaucoup parmi eux qui ont fait preuve à son égard d'autant d'indifférence et même d'hostilité qu'ils lui témoignaient de sympathie, de dévouement et de déférence quand ils espéraient qu'il pouvait leur être utile, en servant leurs vues ambitieuses.

Quant à lui, pendant que la curée des places était la préoccupation dominante de presque tous ceux qui pouvaient y prétendre, malgré sa pauvreté, il donna

l'exemple du plus stoïque désintéressement. Bien que
le prince lui prodiguât, avec les protestations républicaines et libérales, les marques les plus sensibles
d'intérêt en public comme en particulier, entre autres
circonstances en présence de la députation de la Garde
nationale dijonnaise, bien que M. Laffitte allât en quelque sorte au-devant de lui par ses offres et ses promesses réitérées ; bien que cette bienveillance du nouveau roi et de son premier ministre, l'amitié de Dupont
de l'Eure et de Lafayette, enfin sa conduite patriotique
depuis 1814, lui ouvrissent autant qu'à tout autre, la
carrière des honneurs et de la fortune, et lui permis-
sent d'aspirer à tout, il n'ambitionnait aucune fonction publique. Ne songeant qu'aux périls que courait
la Révolution, habitué à subordonner toujours ses intérêts privés à ses convictions et à sa conscience, il
semblait même redouter toute position officielle, réservant ainsi entièrement son indépendance. Il ne demandait donc rien au ministre qui, souvent, le soir, rentrant
du conseil de gouvernement, pleurait avec lui sur la
perte de la Révolution et de la Liberté. Béranger le
questionnant un jour sur l'emploi qui pourrait lui
convenir, Cabet lui répondit que, à cause de l'état de sa
santé, ce serait celui de juge dans une cour royale ou
plutôt à la cour de cassation, mais qu'il aimait mieux
rester auprès de Dupont de l'Eure.

Cependant, comme nous l'avons dit, il ne manquait pas de gens qui se croyaient intéressés à l'éloigner
du ministère et de son ami : on le pressa d'accepter
quelque charge publique ; on voulut qu'il fût Procureur-
général. Une pareille mission répondait admirablement
à ses aptitudes, il pouvait y rendre de grands services,

il ne crut pas devoir résister plus longtemps. Du moment qu'il se décidait à prendre des fonctions administratives dans la justice, c'était surtout une position politique qu'il devait de préférence occuper; ainsi Douay près de la Belgique, ou Pau près de l'Espagne, auraient convenu à ses tendances. Mais il avait déjà lui-même laissé ou fait distribuer toutes les places de procureur général, à l'exception d'une seule, la moins recherchée de toutes, celle de Bastia, en Corse. Tout le monde dédaignait ce poste comme le plus difficile et le moins fructueux, mais il tenta le dévouement de Cabet. Deux raisons le lui firent accepter: il y avait beaucoup de bien à faire dans ce pays, notamment à y organiser le jury; et en outre, il est voisin de l'Italie où se préparaient peut-être de grands événements.

Nommé le 22 août, Cabet ne partit cependant que vers la mi-octobre. Il ne se séparait qu'avec beaucoup de peine de Dupont de l'Eure, qui était à toute heure obsédé par des influences pernicieuses. Il aimait à se consacrer à cet ami intègre, et ne pouvait se résigner à prendre congé de lui le voyant entouré des Merilhou, des Barthe, des O. Barrot dont le libéralisme apparent ne parvenait pas à lui donner le change, malgré les formes tour à tour brillantes et énergiques qu'il affectait.

Il n'aurait même pas certainement quitté Paris, s'il avait aperçu quelque moyen de se dévouer utilement à la cause de la Révolution et du Peuple: mais au milieu de la défection générale des chefs du parti patriote, et de l'aveuglement universel de la population entière, les citoyens qui envisageaient l'avenir avec crainte étaient réduits à gémir en silence; toute tentative pour reven-

diquer efficacement les libertés publiques était alors impossible.

Cependant de jour en jour le moment du départ approchait. Avant de s'éloigner de Paris, Cabet chercha ce qu'il pouvait faire encore, pour servir la Révolution, depuis longtemps compromise par les menées de ses ennemis. Comme les destinées de la France avaient été, en quelque sorte, remises aux mains d'un seul homme, il résolut de s'adresser de nouveau au prince pour le presser d'accomplir sa mission, de résister aux inspirations rétrogrades de la faction vaincue, de répondre complétement à l'attente des patriotes. Le 20 septembre il fit parvenir à Louis-Philippe, une longue note politique intitulée : MÉMOIRE AU ROI *sur les périls de la situation présente et la nécessité d'y remédier à l'instant.*

Dans ce travail, il indiquait les fautes et le remède; comme principales fautes, il signalait surtout le maintien de l'ancienne pairie, ainsi que celui des juges et des principaux fonctionnaires de la Restauration, et l'usurpation de pouvoirs commise par la prétendue Chambre des députés, élue avant la Révolution. Passionné pour le bien public, s'exprimant avec sincérité et abandon, Cabet y employait plus d'une fois des termes vifs et même sévères :

« ...... Quand un ministère impopulaire, disait-
» il, une chambre aristocratique, des pairs, des fonc-
» tionnaires détestés, enfin un système anti-libéral
» inquiètent et irritent le pays ; quand les lois et les
» actes de l'autorité sont tellement contraires à l'opi-

» nion publique qu'on s'insurge universellement contre
» eux, et que les meilleurs citoyens s'exposent en
» foule aux condamnations comme on court au mar-
» tyre, la rigueur serait démence et vertige : ce serait
» imiter Polignac. — Le gouvernement doit donc céder
» à l'opinion publique, c'est-à-dire il doit se rendre
» populaire. »

Et encore :

» Que la guerre civile éclate dans quelques départe-
» ments, et la guerre étrangère est imminente ; et les
» peuples, voyant la France affaiblie par ses divisions
» intestines et l'inhabileté de ses chefs, n'oseront peut-
» être lui donner leur appui.

« Or, tout annonce la guerre civile ; et cependant le
» pays manque d'armes, et le gouvernement s'endort
» sur un volcan.
» Oui, sur un volcan !
» Car, je le répète avec toute la force de la plus pro-
» fonde conviction, l'inquiétude, le mécontentement
» et l'irritation sont partout et sont extrêmes.
» Persuadé qu'un ministère inhabile et peu bien-
» veillant compromet le Pays et la Liberté, les hommes
» qui viennent de faire la Révolution voudront se sau-
» ver eux-mêmes, et reprendront les armes.
» Malheur alors à la faction ! malheur aux factions
» de tous les pays ! »

Il se résumait ainsi sur les mesures à prendre.

» REMÈDE. — Il faut faire ce que l'on aurait dû faire
» dès le principe, c'est-à-dire composer un ministère

» complétement national et populaire, faire de suite
» une loi d'élections conforme à l'opinion publique,
» dissoudre les Chambres, convoquer une grande re-
» présentation nationale, jeune et énergique, et se
» placer hardiment, sans hésitation, sans tergiversa-
» tion et sans arrière-pensée à la tête de la Révolution.

» La satisfaction, la confiance, la sécurité et l'espé-
» rance renaîtraient parmi les patriotes; la faction
» renoncerait à ses projets, ou serait promptement ar-
» rêtée; les autres peuples reprendraient confiance en
» la France, et lui serviraient de remparts, et les rois
» étrangers se résigneraient ou plutôt trembleraient sur
» leurs trônes.

» Sans doute, le ministère et cette assemblée ne fe-
» raient pas l'impossible; mais fortifiés encore par
» l'immense ascendant d'un roi populaire, ils pour-
» raient entreprendre et faire tout ce qui est humaine-
» ment possible. »

Le lendemain 21 septembre, Cabet fut reçu par le
roi, et eut avec lui un entretien de plus d'une heure. Il
lui parla avec toute la franchise et toute la chaleur que
sont capables d'inspirer l'amour de la patrie et l'effroi
des plus grands dangers pour la liberté. Il alla jusqu'à
lui dire, « qu'il pouvait juger de tous les hommes de
» son âge par lui; que lui, Cabet, ne valait ni plus ni
» moins qu'un autre enfant quelconque de la Révolu-
» tion; qu'il pouvait se dévouer à un gouvernement
» quel qu'il fût qui garantirait la liberté et l'indépen-
» dance de son pays en assurant le bonheur du peuple;
» qu'il aurait pu tolérer la Restauration même, si elle
» avait rempli ces conditions; mais qu'il avait conspiré

» contre elle ; et que ne connaissant toujours que la
» Patrie, il conspirerait contre lui, s'il la rendait
» malheureuse... » Le roi connaissait et estimait la
sincérité, le désintéressement et le courage de Cabet, il
l'écoutait avec attention. Il lui répondit : « Qu'il savait
» bien que, quand le peuple se fâche, il *brise tout*
» *comme verre*, mais qu'il croyait ses appréhensions
» exagérées, et qu'il espérait que les malheurs qu'on
» craignait ne se réaliseraient jamais. » Du reste,
Cabet était si ému dans cette conférence, le roi devait
être si convaincu que les observations qui lui étaient
présentées étaient faites dans son intérêt comme dans
celui du Peuple et de la Liberté, qu'il ne parut pas un
seul instant choqué pendant toute la durée de la conversation de la hardiesse du langage de son interlocu-
teur. Il s'exprima lui aussi, sur un ton très animé et
avec beaucoup d'émotion, pour expliquer ses vues et
justifier la politique de son gouvernement. Il alla conduire lui-même Cabet jusqu'à la porte de son cabinet,
qu'il tint longtemps avant de lui donner congé, et lui
dit affectueusement en la lui ouvrant : « Je n'oublierai
jamais notre conversation d'aujourd'hui ! »

Il est difficile de savoir si le prince était de bonne
foi dans ses protestations de dévouement à la Liberté.
Toujours est-il que s'il se souvint de cette entrevue,
ce ne fut pas pour en profiter. Il préféra un chemin
tortueux rempli d'épines et de précipices, qui aboutis-
sait aux abîmes, à la route large, droite, unie, claire,
remplie de fleurs et de fruits, qui devait le conduire à la
gloire et à la suprême félicité en faisant le bonheur d'un
noble et vaillant peuple, d'une grande et généreuse na-

tion, et en contribuant même à assurer l'amélioration générale de l'humanité entière, dont la France est, dans les temps modernes, la sentinelle avancée et le guide inspiré.

Ce qui pourrait faire croire que Louis-Philippe ne laissait pas, en cette circonstance, pénétrer le fond de de sa pensée, et qu'il se tenait sur la réserve, même en ayant l'air de s'épancher avec un ami de la Révolution ; c'est que postérieurement il a parlé de cette audience, en termes qui marquaient des regrets et un mécontentement caché. Ce ne fut pas, en effet, sans étonnement que Cabet apprit certaines particularités de la conférence qui eut lieu, le 6 juin de l'année suivante, entre le roi et MM. Laffitte, O. Barrot et Arago. Ce dernier ayant dit : « c'est le *Système* de gouvernement qui cause » tout le mal, c'est le système qu'on doit *changer*. La » France a accepté *toutes les conséquences* de la Révo- » lution. *Presque tous* les membres de l'Opposition » voulaient une *monarchie,* mais une *monarchie* POPU- » LAIRE ; » et M. Laffitte ayant ajouté : « Dites *tous*, » l'Opposition entière est d'accord que la Royauté de » Juillet doit être conservée. » Louis-Philippe répon- » dit : « Je suis charmé d'apprendre que MM. Cabet et » Garnier-Pagès pensent ainsi. » On le voit, le roi considérait comme un ennemi de son pouvoir, celui qui avait conseillé de faire davantage pou la Liberté. Dans le même colloque Odilon Barrot ayant prononcé ces paroles : « Nous craignons d'*abuser du temps* de Votre » Majesté. » Louis-Philippe s'était empressé de dire : « Je suis un Roi constitutionnel, et je dois écouter » tout le monde ; c'est mon devoir. J'ai bien donné » audience à MM. MAUGUIN et CABET, je ne puis donc

» voir qu'avec plaisir trois personnes avec lesquelles
» j'ai eu des relations privées, et qui peuvent me faire
» connaître la vérité avec moins d'AMERTUME. » Telle
était l'étrange impression restée au roi de communications qui avaient pour but de ramener dans les voies
libérales son gouvernement, dont l'impopularité crois-
sait déjà chaque jour.

Le 21, à l'instant où Cabet se retirait, le roi l'engagea
à retourner le voir. Mais Cabet avait compris que le
dissentiment entre le roi et lui, sur des questions capitales, était trop profond pour que leurs discussions pus-
sent amener un résultat. Il se décida donc à écrire une
dernière lettre à Louis-Philippe, pour s'excuser de ne pas
user de l'offre gracieuse qui lui était faite, et insister sur
la nécessité et l'urgence des mesures qu'il avait proposées. Il y disait :
« La régénération du ministère par la retraite de
» quelques-uns de ses membres, et une nouvelle repré-
» sentation nationale convoquée en vertu d'une nou-
» velle loi d'élections, me paraissent seules capables de
» prévenir ou d'éloigner la tempête.
» Si vous reconnaissez que c'est le seul port de salut,
» il faut y entrer à l'instant : il n'y a aucune raison
» pour ajourner, et mille motifs pour se hâter. Chaque
» jour de retard augmente l'inquiétude, le malaise et
» le danger, fait un mal incalculable au dedans et au
» dehors, compromet à la fois la France et tous les
» Peuples qui voudraient l'imiter. D'ailleurs, si la
» guerre civile et étrangère avait éclaté, le remède se-
» rait cent fois plus difficile et peut-être même impos-
» sible.

» L'hiver qui s'avance, la misère, l'inoccupation et
» l'irritation du Peuple, les intrigues et les complots
» d'une faction parricide, le défaut d'armes, le péril
» des peuples qu'a entraînés l'exemple de notre Révolu-
» tion, me pénètrent malgré moi d'épouvante.

» Ah! que ma voix n'est-elle celle de Manuel? ce
» n'est pas de votre intérêt que je vous parlerais, parce
» que je sais qu'il n'est pas de danger au-dessus de
» votre courage et de votre dévouement; mais c'est au
» nom de la Patrie, de la Liberté et de l'Humanité, c'est
» au nom de votre gloire que je vous conjurerais de ne
» pas perdre un instant pour examiner, décider et
» agir.

» La Révolution a été si *prodigieusement belle!* le
» Peuple si *miraculeusement admirable!* Pourrait-il
» arriver que ses chefs laissassent ainsi périr son
» ouvrage!

» Mais non : votre sagesse veille, consulte et s'éclaire;
» votre patriotisme sauvera la Patrie. »

CHAPITRE IV.

CABET PROCUREUR GÉNÉRAL EN CORSE.

§ 1. — Son départ de Paris. — Son voyage. — Son arrivée à Bastia.

Cabet était obligé de s'avouer avec tristesse, qu'il ne pouvait plus rien sur la situation générale du pays. Il résolut alors d'aller le servir au poste qui lui avait été confié en Corse. Le brouillon d'une lettre en date du 12 octobre, retrouvé dans ses papiers, à un état informe, conserve la trace des vives appréhensions que lui inspirait la marche des affaires :

« Je pars pour la Corse l'esprit préoccupé des idées
» les plus sinistres, et le cœur oppressé des pressenti-
» ments les plus funestes.

» Oui, Prince, j'en suis profondément convaincu,
» l'inertie, l'imprévoyance et la faiblesse de vos minis-
» tres compromettent chaque jour davantage le salut
» du pays.

» ..... Nous commençons à croire moins à votre fer-
» meté contre vos affections et vos habitudes ; vous
» conservez un ministère et une Chambre qui peuvent
» vous perdre ; notre raison, l'intérêt de notre sûreté
» personnelle, l'intérêt de la Patrie, nous crient qu'il
» faut combattre ce ministère et cette Chambre, »

Probablement la lettre ne fut pas même envoyée, car celui qui l'écrivait n'ignorait pas qu'il est des pentes fatales où la lumière offusque et importune sans éclairer, où la vérité la plus simple blesse, et court risque d'être confondue avec le zèle le plus indiscret.

Cabet quitta Paris vers le 15 octobre. Dupont de l'Eure ne le vit partir qu'avec le plus vif regret. Lorsqu'arriva le moment de la séparation ce fut pour lui un déchirement de cœur. M. de Cruzy, le confident le plus intime de Cabet au ministère, écrit à ce dernier, dans cette circonstance : « Nous avons beaucoup parlé de vous à déjeuner. M. Dupont nous a dit le chagrin qu'il avait éprouvé quand vous lui avez fait vos adieux. » Le ministre exprima en même temps l'intention de ne pas laisser longtemps en Corse son ex-secrétaire intime. Il se promit, en présence de ses amis, de le rappeler sur le continent dans six mois, au plus tard. Mais il devait bientôt lui-même s'éloigner du pouvoir, pour rester entièrement fidèle aux inspirations de sa conscience.

Le voyage ne s'effectua pas sans encombre, et les péripéties qui vinrent s'y mêler, semblèrent annoncer d'avance les rudes labeurs et les difficiles épreuves qui attendaient Cabet dans l'accomplissement de sa nouvelle mission. Comme il faisait route, depuis Lyon, de compagnie avec le procureur général d'Aix et le général Tiburce Sébastiani, un accident arrivé sur le bateau à vapeur, dans le trajet de Lyon à Avignon, occasionna un retard d'un jour, et les deux voyageurs qui se dirigeaient en toute hâte vers la Corse, n'atteignirent Toulon qu'après le départ du navire qui devait leur faire prendre terre à Bastia.

Ce contre-temps était infiniment pénible pour Cabet qui se préoccupait des besoins du service en homme jaloux de remplir ses devoirs non pas seulement avec une rigoureuse exactitude, mais même avec zèle et dévouement. A la vérité, le Préfet, M. Jourdan, était arrivé le 5 à Ajaccio, et le Général Merlin le 18 à Bastia; fort heureusement, il n'ignorait pas ces circonstances, et comme la tranquillité de l'ile se trouvait ainsi complétement garantie et sa propre responsabilité à peu près à couvert, il dominait mieux les inquiétudes dont il était néanmoins obsédé.

Le Préfet maritime de Toulon, offrit de mettre à la disposition de Cabet et du gédéral Tiburce Sébastiani, le *Sphinx*, s'il était en état de naviguer, pour les transporter à Saint-Florent, d'où il continuerait sa route sur Alger. Le capitaine de la *Ville-du-Havre*, étant survenu pendant que Cabet conférait avec l'amiral et ayant annoncé que son bâtiment allait être prêt, l'amiral lui donna ordre de conduire les voyageurs. Ce capitaine employa la journée du lendemain à faire terminer quelques réparations urgentes, mais malgré ses efforts et son activité, le jour de l'embarquement, les avaries du navire imparfaitement radoubé, l'empêchèrent de tenir la mer, quand il voulut se mettre en marche. Chose bien étrange et qui dénote une singulière incurie! Il y avait à cette époque dans le port de Toulon sept bâtiments à vapeur, dont la construction avait réclamé de grands frais, ils n'avaient servi qu'à quelques voyages pour Alger, ils étaient, depuis deux mois, l'objet de dispendieuses réparations, et ils se trouvèrent tous hors d'état de faire le transport. Cependant les deux voyageurs pour ne pas perdre de temps, montèrent avec l'autorisation du Préfet maritime, sur un brick, la *Malouine*, et sortirent de la rade, mais le vent contraire ne leur permettant pas d'avancer, ils furent forcés de rentrer dans le port. Huit jours s'écoulèrent ainsi en pourparlers et en vaines tentatives, avant que le procureur général de la Corse pût cingler vers Bastia. Il n'y aborda que le 25 octobre.

§ II. — Difficultés de l'administration de la justice en Corse. — Situation morale du pays à l'époque qui correspond à notre récit.

L'œuvre confiée à Cabet était des plus délicates et des plus ardues. Tout récemment encore, au mois de février de cette année, à l'occasion de l'installation d'un nouveau procureur général à Bastia, le Premier Président de la Cour a eu occasion de signaler les écueils si nombreux qui entourent le magistrat en Corse.

« Vous êtes, en effet, dans un pays, a dit M. Germanes, » où des obstacles d'une nature particulière, se dressent » à chaque pas, devant le dépositaire du pouvoir.

» Sur ce fauteuil, où vous venez prendre place, com- » bien d'*hommes éminents* se sont assis, — cœurs hon- » nêtes, âmes fortes, esprits sérieux et pratiques, — et » à qui rien ne manquait, assurément, pour réaliser les » améliorations dont ils avaient caressé le rêve généreux.

» Longtemps, vous le savez, la Corse a gémi sous » une domination étrangère, la plus humiliante, la plus » dure, qui ait jamais lassé la patience d'un Peuple, ja- » loux de son indépendance et de sa dignité.

» La République de Gênes ne se bornait pas à sub- » juguer et à ruiner ces fiers insulaires, dont aucune

» chaîne, assez étroitement, assez solidement rivée, ne
» ne pouvait lui garantir la soumission.

» Renonçant à se faire obéir, mais soucieuse de pro-
» téger, à tout prix, sa souveraineté constamment mé-
» connue, elle fomentait, avec un art perfide, ces haines
» héréditaires, ces rivalités sanglantes, qui ne laissaient
» ni les moyens, ni le temps de se réunir contre l'en-
» nemi commun.

» Elle provoquait, elle récompensait la trahison en-
» tre les partisans d'une même cause, entre les enfants
» d'une même famille.

» Elle couvrait les plus odieux attentats d'une impu-
» nité scandaleuse, tandis que le glaive du bourreau
» s'appesantissait sur les têtes les plus innocentes et les
» plus vénérées. — Et, que de fois encore, la sentence
» n'était-elle pas le prix d'une ignoble et coupable trans-
» action !

» Au moment où, par une heureuse conquête, la main
» amie de la France vint briser les fers de la Corse, *on*
» *ne croyait plus à la justice.*

» *Toute confiance dans la force du droit et dans*
» *l'intégrité du juge était anéantie.*

» Aussi, plutôt que de recourir à des juridiction détes-
» tées et méprisées, chacun en appelait à son bras, deve-
» nait ainsi son propre juge, et se faisait droit à lui-
» même.

» Vainement, une magistrature, créée par le Gou-
» vernement français et fonctionnant sous ses auspices,
» essaya de ramener la nation à des idées plus en har-
» monie avec ses destinées futures.

» Le temps seul, — le laps d'un siècle, — a pu lui
» apprendre, que, désormais, la loi régnait, en souve-

» raine absolue, dans ces lieux d'où le machiavélisme
» de ses tyrans semblait l'avoir à perpétuité bannie, et
» que, petits et grands, riches et pauvres, chacun de-
» vait courber le front sous l'inflexibilité de son niveau
» tutélaire (1).

Ainsi, la tâche est toujours immense dans un semblable pays, pour le chef suprême du parquet. On voit quelle
violence règne encore dans les mœurs, comment on y
est facilement prêt à faire appel à la force brutale,
comment le sentiment de l'honneur lui-même faussé par
des préjugés barbares y pousse à consommer des crimes
atroces, et à se mettre audacieusement en lutte avec la
loi et l'ordre social ; on sait aussi que le machiavélisme
y court, je ne dirai pas les rues, mais, qu'on me passe
l'expression, y court les champs, qu'on le respire en ces
lieux comme un miasme délétère de la contrée, et
qu'enfin si les mains y sont presque toujours pures de
vol, elles s'y souillent très souvent de sang. Mais que
sera-ce le lendemain d'une Révolution, comme en 1830 ?
Quand cet abîme, ce chaos de passions déchaînées
a été agité par une telle secousse, quel puissant modé-
rateur ne faudra-t-il pas pour y ramener quelque calme
et quelque harmonie, surtout pour contenir les haines
frémissantes ? C'est là le lourd fardeau dont fut principalement chargé Cabet.

Le nouveau procureur général fut installé le 30
octobre 1830, sur les réquisitions de M. Tamiet de Val-
tamiet, premier avocat général, la cour ayant à sa tête

(1) Procès-verbal d'installation de M. Bédarrides en qualité de procureur général. — Audience solennelle du 24 février 1862. — Cour
de Bastia. — Discours de M. le Premier Président Germanes.

M. le comte Colonna d'Istria son premier président. Les
membres de la cour étaient des magistrats de la Restauration ; plusieurs avaient lutté pour la faire triompher
des opinions libérales , le premier président lui-même
s'était compromis par son zèle pour le gouvernement
déchu. Cabet, malgré l'impartialité et la modération de
son caractère, apparaissait, au milieu d'eux, comme le
symbole et l'esprit vivant de la Révolution. Aussi eut-il
lieu de remarquer que le premier président ne se montrait pas, en cette solennité, observateur bien rigoureux
des formes ordinairement suivies ; les convocations ne
furent point faites par écrit : le président du tribunal s'en
plaignit même au garçon qui vint le prévenir et par son
intermédiaire au greffier. Le maire, le sous-préfet et les
autres autorités ne furent pas même invités. On n'avait
point disposé les siéges nécessaires pour la circonstance.
Plusieurs fonctionnaires importants se trouvèrent à
l'audience, confondus avec la foule ; il y avait aussi des
avocats et des avoués mêlés à l'auditoire et sans robes.
Cette négligence probablement volontaire fut remar-
quée, elle excita un certain mécontentement, il faut le
dire, dans le monde officiel. Pourtant M. d'Istria était
un homme d'esprit et avait même beaucoup de capacité ; mais que ne peut la prévention !

Dans le remarquable discours que Cabet prononça
en cette occasion, il faisait déjà pressentir une grande
mesure , le rétablissement du jury :

« La question du rétablissement du jury occupe toute
» ma sollicitude. L'ordonnance qui suspendait, dans ce
» département, cette institution populaire , paraît an-
» nulée par la Constitution nouvelle, et cette suspension

» semble ne pouvoir être renouvelée que par un acte
» législatif. C'est au gouvernement néanmoins qu'il
» appartenait de décider provisoirement cette première
» question légale : je l'ai consulté ; j'ai proposé le réta-
» blissement au moins provisoire ; j'attends sa réponse.

» Je serai heureux de contribuer au rétablissement
» d'une institution que le roi lui-même regarde comme
» salutaire à la Liberté. »

Cabet n'a séjourné que quelques mois en Corse, et
pourtant il y a accompli des travaux d'une telle étendue
que nous ne pourrons en présenter qu'un aperçu. Nous
fatiguerions le lecteur même patient, si nous voulions
les décrire en détail. Mais pour qu'on puisse mieux en
apprécier l'importance et le caractère à la fois pratique
et élevé, il est nécessaire de faire connaître plus complétement encore le milieu sur lequel il devait agir. Sa
correspondance nous révèle la grandeur du mal qu'il
avait à combattre, et les efforts qu'il était obligé de
s'imposer, pour rester à la hauteur de ses devoirs tels
qu'il aimait à se les tracer, d'après les exigences abso-
lues de sa conscience toujours si sévère et sans complaisance pour lui-même.

« Il y a maintenant, écrit-il aux procureurs du roi ses
» subordonnés, plus de deux cent cinquante Corses con-
» tumax condamnés, et plus de soixante-dix contumax
» à juger.

» L'existence d'un aussi grand nombre d'hommes
» criminels, misérables, proscrits, toujours menacés et
» toujours menaçants, mérite toute l'attention et toute la
» sollicitude du gouvernement et surtout de l'adminis-
» tration locale.

» Je désire connaitre toute votre pensée sur cet objet
» de la plus haute importance.

» Je vous prie d'y ajouter tous les renseignements
» que vous pourrez vous procurer, notamment sur leur
» conduite depuis le crime, sur leur existence ou leur
» mort, sur leur résidence actuelle, sur leur manière de
» vivre, sur l'assistance qu'ils trouvent dans le pays,
» sur l'importance et l'influence de leur famille, et sur
» le danger de leur présence (1). »

Voici un autre document que Cabet adressait au ministre de la justice, vers l'époque où il allait cesser ses
fonctions :

» M. le garde des sceaux,

» L'administration de la justice en Corse est infini-
» ment plus difficile et compliquée que dans les cours
» royales du continent.

» Le nombre des crimes (et ce sont presque toujours
» des meurtres et des assassinats) est infiniment plus
» considérable qu'ailleurs. Dans les neuf derniers
» mois, plus de cent crimes de ce genre ont été commis.
» Aussi la première session de la cour d'assises a duré
» un mois, la seconde va durer plus de quarante jours,
» une session extraordinaire qui va s'ouvrir immédia-
» tement durera longtemps aussi, et presque toutes ces
» accusations sont capitales.

» Les affaires correctionnelles, même en appel, sont
» très nombreuses.

» Tout est vicieux dans l'organisation des tribunaux,
» des juges d'instruction, des juges de paix et sup-

(1) Circulaire du 8 décembre 1830.

» pléants, des greffiers, des notaires, des avoués, huis-
» siers, gardes-champêtres, etc.

» La correspondance est extrêmement lente, soit avec
» le continent, soit avec l'intérieur.

» Les partis privés et politiques qui divisent le
» pays, et l'exagération assez naturelle aux habitants,
» rendent la vérité très difficile à connaître et, par con-
» séquent les renseignements très difficiles à obtenir
» avec exactitude et promptitude.

» Les paysans mêmes ne peuvent souffrir aucune es-
» pèce d'injustice, petite ou grosse, et pour le moindre
» tort qu'ils prétendent leur être fait, ils adressent une
» plainte au procureur général, font un long voyage
» pour la lui présenter, pour discuter eux-mêmes avec
» lui, et pour obtenir une décision.

» Tous ceux qui craignent de perdre leurs places, et
» les innombrables aspirants aux places qu'on suppose
» devoir devenir vacantes, par exemple, les justices de
» paix, veulent aussi discuter eux-mêmes leurs titres
» avec le procureur général, à qui d'ailleurs ils font
» parler par leurs nombreux amis et protecteurs.

» Toutes ces circonstances, qui ne sont pas les seules,
» suffisent pour faire connaître qu'un procureur géné-
» ral, deux avocats généraux et un substitut sont in-
» suffisants dans ce pays, et qu'un second substitut se-
» rait plus nécessaire ici que dans les autres cours
» royales.

» Bien que je travaille seize ou dix-huit heures par
» jour, je ne puis suffire au service avec trois collè-
» gues, et pour peu que les maladies (que le climat
» rend fréquentes) viennent retenir l'un ou l'autre, le
» service est entravé.

» Ainsi, deux de mes substituts sont malades depuis
» une quinzaine de jours, par suite de leurs fatigues, le
» troisième se sentait exténué ; et quoique extrêmement
» fatigué moi-même par les douze jours de débats de
» l'affaire de Sartène (1), quoique souffrant et presque
» sans voix, je suis forcé d'assister toute cette semaine
» à la Cour d'assises, pour soutenir deux accusations
» capitales extrêmement graves, et cependant il nous
» reste encore une dizaine d'affaires capitales pour cette
» session.

» Je crois donc ne pouvoir me dispenser de réitérer
» la demande d'un deuxième substitut que j'ai adressée
» à l'un de vos prédécesseurs (2).

Il existait des causes sans nombre, propres à susciter
des désordres et à rendre très souvent impuissante l'intervention de la justice et même de la force armée.
Indépendamment des rivalités et des haines héréditaires
des familles influentes qui divisaient les villes et les villages en plusieurs camps hostiles, toujours ardents à s'as-
saillir, tous les partis de la France agitaient la contrée ;
les amis de la Révolution de 1830 ne formaient qu'une
faible minorité ; les magistrats et les fonctionnaires publics étaient, en général, partisans du régime déchu ;
ils tenaient de lui leurs emplois, c'est tout dire ; quant
à la plus grande partie de la population, elle manifestait pour le fils de Napoléon une sympathie qu'elle n'a-
vait pas ressentie pour cet enfant de la Corse lui-même ;
il y avait également, dans l'île, des amis de l'Angleterre
et des conspirateurs enrôlés dans les factions de l'Italie.

(1) Nous aurons à y revenir.
(2) 10 mai 1831.

Beaucoup de Corses recevaient des pensions du Pape ou des Anglais. Chaque contumax avait aussi ses adhérents et en quelque sorte ses alliés ou bien se mêlait aux diverses ligues et en recevait appui. Car en général l'opinion ne les flétrissait pas, et il n'était pas rare de les voir trouver des dévouement prêts à les servir. D'autre part, cet esprit de famille qui rappelle chez les Corses les coutumes des tribus arabes et des clans de l'Ecosse qui les porte à prendre en main la cause de tous leurs parents jusqu'au 20 et au 25e degré, entravait singulièrement l'action de la justice, soit en altérant les dépositions des témoins, soit en rendant les magistrats nés dans le pays infidèles à leurs devoirs. Il en était de même de cette sorte de droit de patronage qu'exercent en Corse tous les hommes qui ont quelque pouvoir ou jouissent de quelque crédit, autre trait caractéristique des mœurs indigènes. Toutes les fois qu'il y avait un emploi à donner, surtout un emploi un peu élevé, les hauts patrons de la Corse se mettaient aussitôt en mouvement pour faire tomber ces faveurs sur des hommes qui leur fussent entièrement dévoués. Il ne consultaient point en cela l'intérêt réel de leur pays ; peu leur importait que le candidat qu'ils présentaient réalisât ou non les conditions requises. Ils n'avaient d'autre but que de placer une de leurs créature et de satisfaire ainsi cette manie, cette soif de patronage qui les dévore. Ce besoin d'avoir de grandes clientèles est un des fléaux de la contrée ; il en vicie toute l'administration.

A cette époque, Horace Sébastiani, ministre des affaires étrangères, confident de Louis-Philippe et ami de Pozzo-di-Borgo, ambassadeur de Russie, était en quelque sorte le pacha de la Corse. Cette terre lui était inféodée, et cependant dominé par des vues personnelles, il sacrifiait la France, la Corse et la Liberté à son ambition. C'était lui qui était destiné à proférer du haut de la tribune nationale ces froides, ces sinistres paroles, le lendemain des désastres d'une nation amie de la France : « l'ordre règne à Varsovie. (1) » Cabet eut plus d'une fois à lutter contre cette haute influence dans les nominations de la magistrature et dans d'autres questions.

Tous ces éléments de trouble et de malaise tenus en fermentation par la crise qui continuait ne France, et par les frémissements politiques de l'Italie qui brûlait de secouer le joug de l'Autriche et de l'absolutisme, plaçaient la Corse sur un volcan, selon l'expression employée par Cabet lui-même.

Une sorte de déchéance morale dont le clergé sem-

_____

(1) Une simple anecdote, transmise par correspondance à Cabet, suffira pour donner la mesure du favoritisme sans pudeur qui régnait alors en Corse :

« Voici une scène assez plaisante qui a eu lieu ces jours-ci à la Porta,
» village qui a vu naître M. le comte Horace Sébastiani, ministre des
» affaires étrangères.
» Ce village est chef-lieu de canton, j'y étais avec M. le préfet
» comme membre du Conseil de révision, pour les opérations relatives
» à la levée des conscrits de 1830. Dans une réunion qui eut lieu chez
» le grand-vicaire, M. le préfet s'informa de la force de la population
» du village, qu'on lui répondit être de cinq cents âmes, de sa richesse,
» de ses ressources commerciales, qu'on lui dit nulles, M. le sous-
» préfet prit la parole et dit très sérieusement : « *La Porta* est la com-
» mune la plus riche, la plus heureuse et surtout la plus producti·e...
» en hommes capables et propres à tous les emplois, non seulement
» de la Corse, mais de la France entière ». On écoute, on s'étonne...

blait frappé, contribuait encore à empirer la situation
générale de l'île. Nous trouvons dans un document officiel, dans un rapport sur l'état de l'instruction publique
en Corse, émanant sans doute d'un des chefs de l'enseignement et qui fait partie des papiers de Cabet, une
peinture fort attristante sur ce sujet :

« ..... J'aborde encore ici une des plus grandes mi-
» sères de la Corse. Certes, si ce département possède
» un certain nombre d'ecclésiastiques irréprochables,
» il est certain aussi qu'il renferme un grand nombre
» de mauvais prêtres. Ces ecclésiastiques par l'effet de
» leur ignorance, de leurs préjugés, de leur caractère
» violent, et souvent aussi par le scandale de leur con-
» duite, désolent des pays qu'ils avaient reçu la mission
» d'éclairer et de consoler. Ce déplorable état des cho-
» ses provient de ce que les jeunes prêtres reçoivent
› dans l'île un enseignement religieux très imparfait et
• de ce que aussi, Monseigneur l'Évêque actuel accorde
» avec trop de facilité les ordres sacrés à des sujets qui

» Je m'explique et je prouve, ajoute M. le sous-préfet, vous convien-
» drez qu'il est sorti du *cercle de ce terroir* un des personnages les
» plus importants, un des plus grands ministres et l'un des premiers
» généraux qui aient illustré la France, un lieutenant-général, son frère,
» un préfet, un sous-préfet, un grand-vicaire, ses cousins, un chanoine,
» un juge d'instruction, trois employés des finances, un juge de paix,
» quatre curés de première classe, dix de deuxième classe, un chef de
» bataillon, un capitaine, trois lieutenants, tous ses parents.... Où se
» trouve-t-il dans le monde une autre commune de cinq cents âmes
» aussi fortunée ?.. » M. le préfet faisait des signes à son sous-préfet
» qui s'arrêta. Mais le grand-vicaire qui n'y entendait pas malice, se
» confondit en compliments, en remerciant des louanges données à *la*
» *Porta*, et des éloges prodigués à son auguste famille, et on cria en
» chœur : vive *la Porta* ! etc. »

» ne sont pas suffisamment instruits des connaissances
» de leur état, ni assez pénétrés de la sainteté de leur
» mission. Je ne crains pas d'être désavoué par les
» principaux des colléges communaux de la Corse en
» annonçant que les plus mauvais sujets de leurs col-
» léges sont habituellement les abbés.

» Il semble, en vérité, à voir le nombre des jeunes
» abbés qui se font remarquer par leur inconduite et leur
» peu de retenue en tout genre, que les familles corses
» prennent à tâche de destiner à la prêtrise ceux de
» leurs enfants les plus mal nés sous le rapport du ca-
» ractère et des qualités du cœur. J'ai entendu dire plu-
» sieurs fois à des hommes influents et respectables du
» pays, que l'esprit de désordre et de dissolution était
» principalement répandu dans les campagnes par les
» jeunes abbés sans instruction comme sans mœurs
» dont la Corse fourmille.

» Pour se faire une idée du misérable état de l'en-
» seignement religieux en Corse et de la facilité avec
» laquelle on est admis à recevoir les ordres sacrés sans
» réunir aucune des qualités requises pour faire un bon
» prêtre, il suffit de savoir que, comme il n'existe point
» de séminaire dans aucune des parties de l'île, Mon-
» seigneur a nommé, dans les trois ou quatre principales
» villes de la Corse, des professeurs de théologie, char-
» gés d'instruire les jeunes abbés dans la science de la
» religion. Ces cours de théologie ont lieu ordinaire-
» ment dans une des classes du collége de la ville, si
» la ville où se trouve le professeur possède un établis-
» sement de ce genre. Les jeunes abbés y apprennent à
» argumenter en mauvais latin et s'exercent à résoudre

» des difficultés qui leur sont proposées en faisant usage
» des misérables arguties de la vieille école ; du reste,
» pas un mot de français n'est ordinairement prononcé
» pendant la leçon qui a lieu une fois par jour et dure
» deux heures. Le professeur qui leur fait la classe ne
» parle ni n'écrit la langue française. Les jeunes abbés,
» après deux années de moins de huit mois passées à
» suivre ces cours de théologie, vont subir un examen à
» Ajaccio devant Monseigneur l'évêque, qui les admet
» sans aucune autre préparation à entrer dans les ordres.

» Il résulte nécessairement du peu de fondement et
» de solidité de ces études théologiques que, toutes les
» années , il se forme un nombre plus ou moins grand
» de prêtres ignorants et grossiers qui obtiennent des
» bontés de Monseigneur des places de desservants ou
» même de curés dans les villages de la Corse qui ont
» besoin de prêtres. Un certain nombre de ces abbés
» se rend aussi sur le continent italien où ils vont exer-
» cer le métier de pédagogue et quelquefois d'homme
» d'affaires dans les familles aisées.

» En général , le choix de cet état est plutôt en Corse
» le résultat d'un calcul ou d'une spéculation que
» l'effet des penchants de l'individu.... »

Le concours des circonstances dont nous venons d'es-
quisser à grands traits et fort rapidement le tableau ,
explique suffisamment l'agitation fébrile qui se manifestait partout en Corse, à l'époque où Cabet s'y rendit.
Il serait fastidieux de reproduire la nomenclature de
tant d'actes alors commis en infraction aux lois et pas-
sibles de toutes les rigueurs du Code Pénal; mais il y en
eut un certain nombre auxquels s'attache un intérêt

particulier, et que nous ne saurions nous dispenser de rappeler, du moins sommairement.

Un guet-apens des plus hardis fut organisé pour enlever une somme qui appartenait à l'État. Le 3 octobre 1830, le détachement qui escortait le trésor provenant d'Ajaccio, partit de Bolognano, vers sept heures du matin ; il arriva vers dix heures à la Foce, où il fit une halte de demi-heure pour déjeuner. A peine avait-il dépassé la baraque qui est en face de la source d'eau dénommée *acqua bollita*, à peu de distance du pont dit Fulminato, qu'il fut assailli par une bande de brigands, postés sur la droite de la forêt. Ils étaient au nombre de quinze à vingt hommes, tous masqués. Les militaires qui formaient l'avant-garde essuyèrent les premiers coups de feu. Le lieutenant Hanet qui était de ce nombre fut tué ; le sous-lieutenant d'Orville eut le bras percé d'une balle ; et trois soldats furent également blessés. Averti par le bruit de la fusillade, M. Martin qui commandait le détachement et qui se trouvait à l'arrière-garde, fit replier sur le fort de Vizzavona les mulets qui portaient le trésor, et réussit ainsi à le sauver.

La nouvelle de l'attaque arriva dans très peu de temps à Vivario. La gendarmerie et les voltigeurs de cette résidence accoururent sur les lieux, lorsque les brigands n'avaient pas encore désemparé. Le gendarme Delfini fut atteint d'un coup de fusil et il succomba quelques instants après. Les braves habitants de la commune étant survenus, parvinrent à débusquer les assassins.

Croirait-on que la procédure relative à ce coup de main audacieux fut longtemps entravée, non pas seulement par le manque de sincérité des témoins, mais par l'appui que prêtaient aux coupables beaucoup de fonctionnaires et les juges d'instruction eux-mêmes? Cabet fut forcé de prendre des précautions infinies pour faire évoquer l'affaire à une séance extraordinaire de la chambre d'accusation, et obtenir à l'improviste des mandats d'amener, après avoir préparé l'exécution en secret, afin que les coupables fussent arrêtés sans qu'aucun avis pût leur parvenir par la poste.

Des menées mystérieuses et très actives se tramaient en Corse. On en saisissait les traces sur presque tous les points du territoire. Cabet s'en préoccupa sérieusement. En novembre et en décembre 1830, il dirigea les recherches de plusieurs officiers des voltigeurs corses et de la gendarmerie, afin d'obtenir les éclaircissements indispensables pour apprécier si les associations secrètes, qui travaillaient le pays, étaient hostiles aux principes qui avaient triomphé en juillet. Comme il pouvait y avoir à craindre l'influence occulte d'hommes puissants, intéressés à troubler la paix publique et à organiser un système de résistance contre le nouveau gouvernement dans un intérêt de réaction, Cabet procéda avec beaucoup de réserve, ne voulant rien compromettre.

Après avoir pris préalablement diverses informations pour ne rien abandonner au hasard, il chargea un officier dont le dévouement, le zèle, la discrétion et l'intelligence ne laissaient rien à désirer, de parcourir les cantons les plus agités pour recueillir des renseignements sur les affiliés connus, sur l'importance des chefs qui excitaient des mouvements et sur leur véritable but. Cette mission fut confiée à M. Masson, lieutenant de gendarmerie. En lui donnant ses instructions, Cabet lui recommanda le plus grand secret et la plus grande circonspection « Il faut allier lui disait-il, la » prudence à la célérité. J'agirai avec rigueur, quand la » rigueur me sera démontrée nécessaire, mais je désire » surtout prévoir et prévenir en employant toutes les » mesures que peut dicter la prudence. » Il tenait le même langage à M. Cauro, commandant des voltigeurs corses : « Néanmoins, je pense que pour le moment, il » convient de ne point agir contre les membres de l'as- » sociation que vous me signalez, il faut se borner à les » surveiller avec prudence, et même ne confier cette sur » veillance qu'à un petit nombre d'hommes parfaitement » sûrs. Il faut bien vous garder de donner l'éveil aux » sectaires par quelque démarche intempestive. Je vous » prie de ne prendre aucune mesure grave avant de » m'en avoir prévenu. J'espère avoir bientôt tous les » renseignements nécessaires, pour pouvoir agir avec la » certitude de ne pas compromettre les intérêts de la » paix et de la tranquillité publique. » Il contenait le zèle quelque peu emporté de ces braves militaires, toujours prêts à employer des moyens de répression énergiques. Cabet comprenait que les moyens de rigueur, employés sans discernement, pouvaient fournir aux meneurs de ces intrigues des prétextes plausibles et des occasions favorables pour aggraver le mal, et surexciter jusqu'au paroxisme, les passions les plus violentes au sein de populations qu'il était facile d'exalter et d'égarer.

Il y avait dans le pays deux associations spéciales qui se recrutaient de préférence parmi les travailleurs

campagnes et les attiraient à des conciliabules nocturnes.

L'une était celle des Carbonari dont nous avons déjà antérieurement rappelé l'origine. Elle avait été fondée surtout pour résister au pouvoir absolu, propager les principes constitutionnels et en assurer le triomphe.

L'autre, celle des Fischioloni (siffleurs), présentait un caractère diamétralement contraire. Elle semble n'avoir existé qu'en Corse. Elle fut instituée au mois de février 1828, dans l'ancien canton de Moriani, par des hommes politiques décidés à organiser des moyens d'opposition, dans le cas où, comme la composition du ministère Martignac paraissait l'annoncer, le Gouvernement voudrait s'appuyer sur les constitutionnels. Les initiés prêtaient le serment d'obéissance passive au chef de la secte ; ils prenaient, en outre, l'engagement formel de se soutenir mutuellement envers et contre tous, par tous les moyens possibles, y compris les armes et le parjure. L'association avait eu pour premier chef un fonctionnaire de l'ordre judiciaire, juge de paix de l'ancien canton de Moriani, royaliste zélé, qui fut, en Corse, un des agents les plus remuants de son parti, pendant les événements de 1814 et de 1815. Il était de notoriété publique que ce personnage avait joui d'un certain crédit auprès de M. le marquis de Rivière qui l'avait couvert de sa haute protection, et que l'ancien sous-préfet de Bastia lui avait aussi prêté aide et appui. On pouvait donc penser que la secte des Fischioloni était placée sous le patronage de quelques absolutistes puissants. A l'époque qui est plus spécialement l'objet de notre récit, elle avait des ramifications fort étendues et cherchait à faire de nouveaux prosélytes.

Cabet apprenait aux officiers qui étaient en correspondance avec lui, à ne pas confondre ces deux associations. Il leur faisait remarquer qu'il n'y avait rien de commun entre elles ; que la première ne pouvait devenir la source d'aucun danger sérieux pour la société , puisqu'elle professait des principes qui étaient en harmonie avec les institutions de la France, et qu'au besoin même, elle prêterait sans aucun doute aide et assistance au Gouvernement pour le triomphe des libertés publiques et de la cause nationale ; tandis que la seconde, au contraire, devait être l'objet de la surveillance la plus attentive, parce que ses tendances étaient de nature à susciter de graves désordres et des complications de circonstances difficiles et inattendues.

Les lettres et les rapports auxquels l'agitation produite par l'influence de ces sociétés donna lieu, peignent au vif la situation et les mœurs du pays, ils témoignent aussi de l'activité incessante et de l'esprit de sage prévoyance et de modération dont fit preuve le procureur général de la Corse, pendant qu'il s'appliquait, de concert avec le Préfet du département, M. Jourdan, et le lieutenant-général Merlin, commandant de la dix-septième division militaire, à sauvegarder la tranquillité publique contre les entreprises de tous les fauteurs de troubles. Ces documents présentent un assez grand intérêt, aussi croyons-nous devoir en donner un résumé avec quelques modifications de forme, et en omettant la plupart des noms signalés à l'attention de l'autorité.

En voici les passages les plus importants :

» Je n'ai pas manqué, aussitôt après mon arrivée à Cervione, de me transporter à la Pietra di Verde pour recueillir des renseignements positifs sur les deux plaintes qui m'ont été adressées par les voltigeurs de ce détachement contre le sergent Agostini qui le commande... »

» Arrivé dans cette commune, j'ai cru ne pouvoir mieux m'adresser qu'à M. le curé et à divers notables pour les entendre tant sur la conduite des soldats que sur celle du sergent. Toutes ces personnes m'ont confirmé dans l'opinion où j'étais que, parmi les militaires de cette brigade, quelques-uns se sont affiliés à la secte des Carbonari, et ont entraîné leurs camarades à des actes d'insubordination envers leurs chefs. Morelli (Dominique-Antoine) et Antomarchi (Nicodème) entre autres, professent la charbonnerie. Ce sont eux qui ont pris l'initiative des dénonciations contre le sergent Agostini. Ils se sont permis, en outre, de recevoir comme frères, dans leur loge de réunion, le fameux bandit Ricciardi, de Pero, et l'un des bandits Nicolaï, dit Bartoli de Campi.

» Cette secte s'est beaucoup propagée dans le canton et dans le voisinage, à tel point qu'il y a eu dernièrement des réunions nocturnes d'environ deux cents personnes. » (*Extrait d'une lettre de M. Peraldi, capitaine commandant la première compagnie des voltigeurs corses, en date du 5 novembre* 1830).

———

« Plusieurs réunions d'hommes armés de différents cantons ont eu lieu au couvent de Zuani, canton de Piedicorte, et à une petite église dite Saint-Pancrace, qui se trouve isolée et sise sur le canton de Sermano... Ces réunions parcourent les communes et les cantons habituellement de nuit... Les contumax trouvent parmi ces sectaires un très grand appui, d'autant plus qu'ils sont affiliés eux-mêmes... Ils reçoivent secours et protection partout où ils paraissent, ayant des signaux particuliers pour s'entendre avec les paysans d'une commune à l'autre...

» Ces jours derniers, cinq bandits se sont présentés sur la place de la caserne de la gendarmerie d'Alesani, trois ou quatre gendarmes s'y trouvaient, mais ils n'ont osé se montrer, étant convaincus que les habitants de la même secte auraient pris parti pour les bandits.,.. » (*Lettre de M. Cauro, commandant les voltigeurs corses, à M. Cabet. 20 novembre 1830*).

« Je m'empresse de vous signaler la conduite du sieur Alerini, propriétaire de la maison Caragiuti, où les bandits Ribetti et Alfonsi s'étaient réfugiés. A la nouvelle que ces deux bandits avaient été bloqués par la force armée dans sa maison de campagne, le sieur Alerini réunit à Silvareccio, une soixantaine d'hommes armés, et part en toute hâte le 18 novembre pour empêcher, disait-il, que sa maison ne fût incendiée. A l'approche de cette bande de paysans, les assassins reprennent courage, et redoublent leurs coups sur les militaires...

» Une autre bande de personnes armées des cantons de Tavagna et de Casinca arrivèrent dans celui d'Alesani, et y trouvèrent cinquante hommes assemblés, soit par les Carbonari, soit par les parents du bandit Michelini. Ils se dirigèrent dans la journée du 19 sur Caragiuti pour aller délivrer les deux bandits, mais après avoir fait les trois quarts du chemin, ils apprirent que ces misérables avaient succombé et retournèrent sur leurs pas.

» ..... De fréquentes réunions nocturnes ont eu lieu dans les cantons de Tavagna, d'Alesani et de Pietra di Verde. Ces forcenés parcourent les campagnes pendant la nuit, armés de carabines et de fusils de calibre prohibés par la loi. » (*Lettre de M. Cauro à M. Cabet*, 26 *novembre* 1830.)

» D'après les ordres que j'avais donnés à M. le capitaine Ciavaldini, commandant de la deuxième compagnie, de se transporter dans les cantons de Piedicorte, Pietra-di-Verde et Tavagna, afin de prendre les informations les plus exactes sur la secte des Carbonari qui, par leurs réunions clandestines, troublent l'ordre et la tranquillité publique; cet officier, par sa lettre du 25 de ce mois, datée de Moïta, me rend compte, qu'au reçu de mes ordres, il a visité ces cantons où il est parvenu à connaître les chefs de cette secte, et il a même réussi à avoir un brevet de maître, imprimé, signé du Grand-Maître et du Grand-Orateur de l'ordre, qui sont, savoir:

Lamanchi, natif de Naples, Grand-Maître, et Andrei, capitaine en non activité, Grand-Orateur.

. . . .

« Dans la tournée que M. le capitaine vient de faire, il a eu lieu de remarquer et de reconnaître que la confrérie des Carbonari embrasse tous les cantons du Golo et qu'elle est très nombreure; dans leurs réunions, qui ont toujours lieu la nuit, ils sont toujours armés. (*Lettre de M. Cauro, commandant des voltigeurs corses, à M. Cabet,* 27 *novembre* 1830.

M. Masson, lieutenant de gendarmerie de Corte, envoyé en mission par Cabet, dans neuf cantons qu'il était urgent de faire observer immédiatement, quoiqu'on fût au cœur de l'hiver, écrit de la Porta à son capitaine pour lui communiquer l'itinéraire qu'il doit suivre.

« D'ici, dit-il, à Piedicroce, de Piedicroce à Parelli-d'Alesani, à Pietra-di-Verde, à Moïta, à Zuani, à Cervione, à Saint-Nicolas, à Poggio-Mezzana, à Pero e Casevecchie, à Castellare, à Venovato, à Pinta-Aquatella. » De ce dernier point, il devait se rendre à Bastia pour conférer avec le procureur général.

» Le mauvais temps qui m'assiége, ajoute-t-il, me contrarie beaucoup, cependant, il ne m'empêchera pas de marcher, car je ne suis pas soldat du Pape... »

————

« D'après la lettre que vous m'avez fait l'honneur de m'adresser à Corté, sous la date du 26 de ce mois, j'ai déjà franchi les montagnes de Rustino, je suis passé à la Porta, à Piedicroce et je me trouve à Parelli d'Alesani.

» Dans la partie du pays que j'ai parcourue, j'ai reconnu qu'effectivement des réunions avaient lieu, et il m'a semblé que la nouvelle secte des Fischioloni cherchait à se couvrir de la dénomination de Carbonari...

» Je suis arrivé à Parelli d'Alesani à la tombée de la nuit aujourd'hui, et l'on m'a confirmé aussitôt qu'une réunion où il pouvait se trouver une soixantaine de personnes, formée au moyen de plusieurs coups de fusil a eu lieu la nuit dernière vers minuit, au-dessous du couvent d'Alesani, dans lequel se trouve casernée la brigade de gendarmerie. Un Italien ou Napolitain serait le chef de cette réunion ; cet étranger distribuerait de l'argent et promettrait des décorations; il ne se montre jamais le jour , dit-on , dans la campagne, mais on le voit souvent à Cervione...

» J'ai déjà les noms de six individus de ce canton qui se sont trouvés au rassemblement de la nuit dernière ; il y a parmi eux un abbé. (*Lettre de M. Masson à Cabet* 29 *novembre* 1830.)

Cabet reçut cette lettre le 1er décembre à une heure du matin; dans la réponse qu'il envoya le jour même au lieutenant de gendarmerie, se trouve la recommandation suivante :

« La chose essentielle est de bien vérifier s'il est vrai, comme vous me l'annoncez que les Fischioloni cherchent à se cacher sous la dénomination de Carbonari. Ce sont ces Fischioloni qui peuvent être vraiment dangereux, et ce sont eux dont il faut principalement connaître les forces, les projets et les ruses. »

» Vous l'avez senti et je l'avais senti moi-même, monsieur le procureur général, il importe de savoir si la secte des siffleurs ne chercherait pas à se propager en se couvrant de la dénomination de Carbonari.

» J'ai pris diverses notes à ce sujet et je continue d'en prendre, sans avoir jusqu'à présent rien recueilli pour fixer d'une manière positive un jugement.

» Les opinions connues sous diverses couleurs des personnes qui semblent prendre part aux conciliabules qui fixent votre attention , mettent ces choses dans un tel état de confusion que je ne sais trop qu'en dire. Il est toujours constant, monsieur le procureur général, que les misérables qui y prennent part, osent troubler la tranquillité publique, au mépris des représentations de l'autorité locale, et même inquiéter la force armée en se portant nuitamment près des casernes et faisant entendre de grandes décharges de mousqueterie.

» A Moïta, dimanche dernier, plus de cent personnes ont troublé le pays pendant toute la nuit; ces sectaires sont allés en grand nombre frapper à la porte de la gendarmerie, et lorsque celle-ci s'est présentée, ils ont pris la fuite; au même instant il est parti plus de trente coups de fusil, qui se sont répétés plusieurs fois.

» Le commandant de la brigade de Moïta craint que ce ne soit pour l'engager à un combat où il ne pourrait ni atteindre ni connaître ses agresseurs, ou au moins, pour procurer à quelque malintentionné, le moyen d'assassiner lâchement, comme il n'arrive malheureusement que trop souvent, quelques gendarmes, sans risque d'être reconnu.

» Quoi qu'il en soit, monsieur le procureur général, l'ordre public est extrêmement menacé et nous sommes à la veille de voir un complet désordre dans plusieurs cantons, et notamment dans ceux de Valle-Alesani, Pietra, Moïta et Piedicorte, si le Gouvernement ne prend quelque moyen d'empêcher ces réunions où se trouvent toutes sortes de personnes (les contumax les plus redoutables y sont admis.)

. . . .

» Il paraîtrait que les Napolitains propagandistes sont trois, on dit qu'il y a deux frères et un cousin. L'un d'eux était encore hier à Cervione. (Lettre de M. Masson à M. Cabet, 2 décembre 1830.)

« J'ai terminé la mission dont vous m'avez fait l'honneur de me charger par votre lettre du 26 novembre dernier. Je m'empresse de vous transmettre les renseignements que l'ai pu recueillir dans les divers cantons que j'ai parcourus.

» *Canton de Piedicroce.* — Plusieurs réunions ont eu lieu dans ce canton ; il paraîtrait que les vrais Carbonari seuls, y ont pris part ; quelqu'un d'influent du pays a fait promettre aux principaux membres de cette secte de ne plus se réunir. On craint que les Fischioloni n'usurpent dans ce canton le nom de Carbonari pour faire des adeptes.

» M. le juge de paix de Priedicroce dont l'influence ne s'étend guère qu'à trente familles sur neuf cents feux qui composent le canton, avec son secrétaire, seraient les seules personnes qui dirigeraient les Fischioloni s'il y en existait ; ce magistrat et son secrétaire sont en grande relation avec le sieur Bonaldi, juge de paix du canton de Sainte-Lucie de Moriani.

» *Canton d'Alesani.* — La secte qui se réunit dans ce canton, semblerait chercher à cacher sa dénomination. Il n'y a qu'une vingtaine de jours que les initiés se laissaient appeler Fischioloni (siffleurs) sans s'en inquiéter, ce qui n'est pas aujourd'hui ; et l'on a remarqué que quelques-uns d'entre eux, font en sorte de persuader qu'ils ne sont point de cette secte, mais bien de celle des Carbonari. Les plus misérables habitants composent l'association d'Alesani, à l'exception

de deux membres qui ont quelque importance.... Cette
Société est extrêmement dangereuse ; la voix publique
assure que plus de quarante de ses affiliés s'étaient
armés, et allaient se porter au secours des deux contumax Rippetti et Consor qui combattaient avec la gendarmerie parvenue à les cerner, si la nouvelle de la
mort de ces assassins ne leur était arrivée. Un napolitain
préside ordinairement aux réunions de ce canton.

» *Cantons de Piedicorte, Moïta et Pietra.* — Dans
ces trois cantons, il semble n'exister qu'une seule association dont les membres se réuniraient tantôt sur un
point tantôt sur un autre. Tous les quinze jours, il y a
une réunion. C'est ici et principalement à Moïta, où la
la Société semble avoir recruté le plus, que tout porte à
croire que la secte n'est pas celle des Carbonari, attendu
que le principal chef des trois cantons doit être considéré comme un des plus acharnés contre-révolutionnai-
res. Ce personnage, sous les apparences du libéralisme,
a eu l'effronterie, le 24 du mois d'octobre dernier,
accompagné de ses prosélytes, de faire des menaces à
main armée, à la force publique en exercice de ses
fonctions. C'est encore lui, s'il faut en croire le briga-
dier Dupont, qui a fait évader le même jour, des mains
de la force publique, un prévenu, au moyen de quelques
membres de sa secte qui se trouvaient, à ce que l'on
croit, parmi les voltigeurs corses qui faisaient partie de
la garde du prisonnier ; et, en effet, la femme d'un sous-
officier de gendarmerie voulut retirer d'auprès d'une
fenêtre, une chaise qui servit plus tard à l'évasion du
détenu, mais elle en fut empêchée par un des voltigeurs.

» Le même chef a accompagné, avec plusieurs de

ses affiliés, un des propagandistes jusqu'à Corte, pendant le mois d'octobre dernier. Ils ont été rencontrés à leur retour voyageant à cheval lui et le napolitain, et leurs compagnons à pied.

» L'association se compose ici de personnages assez distingués.... (M. Masson signale ensuite les noms des principaux affiliés).

» Les réunions de ces cantons sont très nombreuses.

» Il s'en est formé une dans la petite église de Saint-Pancrace, du canton de Boggio, en octobre; une seconde au couvent Zuani, dans les premiers jours de novembre; une troisième près d'une maison de campagne de la commune de Pietra, vers la mi-novembre, et une quatrième le 28 novembre, à Moïta...... Il y a toujours eu au moins deux cents à deux cent cinquante personnes à chacune de ces réunions.

» *Canton de Cervione.* — On ne croit pas qu'il se soit formé aucun rassemblement dans ce canton depuis la révolution, quoiqu'il y existe bon nombre de Carbonari.

» Le Napolitain Pelozzi (Dominique), qui réside à Cervione, n'est connu dans cette ville, que comme un homme de peu ou point de capacité et sans conduite; il ne fréquente aucune personne distinguée; il n'est entouré que de quelques jeunes gens dont les familles sont presque de la classe des indigents. Cet étranger exerce une espèce d'escroquerie; il se fait payer une rétribution de quatre à cinq francs pour chaque diplôme de Carbonari qu'il délivre.

» Un certain Santini (Antoine), des États Romains, aurait été chargé également de la mission de propager en Corse la secte des Carbonari, comme Pelozzi, mais ce dernier d'après son dire, comme étant son supérieur, l'aurait empêché d'exercer le recrutement qu'il faisait mal. Ce Santini demeure à Cervione, où il vit du métier de tailleur.

» Dominique Pelozzi aurait, pour compagnon de mission, un autre individu napolitain, dont on ignore le nom. Celui-ci n'a pas de demeure fixe ; on le croit en ce moment devers Ajaccio.

» *Sainte-Lucie, ancien canton de Moriani.* C'est ici que deux sectes distinctes ont été connues, celle des Carbonari et celle des Fischioloni. Les réunions des deux associations paraissent avoir cessé depuis notre heureuse régénération de Juillet.

» *Canton de la Porta.* Aucune réunion ne s'est opérée dans ce canton. On dit seulement que plusieurs personnes qui en sont, ont pris part à une assemblée qui aurait eu lieu dans la commune de Pinta-Aquatella, du canton ci-devant Casaconi, il y a environ deux mois. On ignore à la Porta quel peut avoir été le sujet de cette assemblée. On pense que ce sont des Carbonari....

» *Canton de Vescovato.* Il y a peu de temps qu'une réunion a eu lieu dans un petit hameau de la commune de Crociochia. On ne connait aucune des personnes qui y ont pris part; elle a été très nombreuse...

» Telles sont, monsieur le procureur général, les informations que j'ai pu prendre ; de leur ensemble vous verrez qu'effectivement il y a eu de l'agitation dans les cantons que vous m'avez chargé de parcourir, et que de fréquentes réunions ont eu lieu.

» Il est difficile, comme j'ai eu l'honneur de vous le

marquer dans une lettre du 2 de ce mois, de connaître le vrai but de ces associations, et quelle est leur vraie secte ; mais comme il n'est que trop constant d'après leurs procédés qu'elles ne peuvent qu'entraîner du désordre et notamment d'après ce que l'on dit qui est vérifié par la liste trouvée sur le propagandiste Pelozzi, que les contumax sont admis dans ces associations et que les affiliés du canton d'Alesani s'étaient réunis en assez grand nombre pour aller donner secours aux contumax Ripetti et Consor ; il conviendrait, je crois, de prendre des mesures pour mettre fin à ces rassemblement sou au moins les rendre moins dangereux, en supposant même que les sectaires ne soient que des Carbonari. (Rapport du lieutenant de gendarmerie Masson à M. Cabet, 7 décembre 1830.)

M. Masson fournit dans son rapport d'autres détails que nous avons cru devoir passer sous silence, parce qu'ils sont relatifs à des faits qui ont un caractère personnel, les dépositaires du pouvoir ayant besoin de bien connaître, dans ces circonstances, les dispositions favorables ou hostiles d'un assez grand nombre d'hommes influents. Cet officier avait été mis en rapport par Cabet avec les fonctionnaires en qui l'administration plaçait le plus de confiance, et le procureur général lui avait signalé en même temps ceux à qui il ne convenait pas de s'ouvrir, en un mot, il trouva à son service tous les concours qui pouvaient lui être utiles, pourtant les conclusions de son travail sont assez vagues, et ne contiennent pas une réponse précise aux questions qu'il avait à résoudre, quoiqu'il fût homme habile et que son zèle fût stimulé par le désir de se montrer digne du choi

dont il avait été l'objet. Tant il était difficile de démêler
la vraie nature des faits et leur valeur politique!

Mais d'autres informations avaient été prises et les
divers documents obtenus répandirent quelque lumière
sur la situation. De toutes les investigations auxquelles
se livra l'autorité, il résulta que **Lamanchi** et Andrei paraissaient être les chefs des Carbonari, que les meneurs
des Fischioloni se cachaient dans l'ombre, les hommes
un peu considérables du pays affiliés à cette association
évitant autant que possible de donner prise à aucune
inculpation, et qu'enfin les agitateurs les plus suspects
étaient deux Napolitains Lambecchi, et Pelozzi. Quant à
Santini, des États Romains, il n'avait aucune importance.

Le Napolitain Lambecchi, se disant réfugié et parent
de Galotti, honorable proscrit, amenait les paysans,
sous prétexte de recruter pour la révolution de Naples,
à lui donner de l'argent, en leur faisant espérer des
grades qu'un sentiment ambitieux très répandu parmi
eux leur fait désirer ardemment. Il ourdissait aussi
toutes sortes d'intrigues et cherchait même à s'assurer l'appui de personnages puissants. C'est ainsi qu'il
demanda au général Casalta à Cervione une lettre de
recommandation pour le général Sébastiani, mais elle
lui fut refusée, le général Casalta le tenant en suspi-
cion. Pelozzi, de son côté, abusait également de la cré-
dulité des paysans en ses promesses pour leur extor-
quer de petites sommes d'argent. En conséquence,
Cabet fit lancer des mandats d'amener contre ces deux
étrangers et prit, de concert avec le préfet et le général
qui commandait en Corse, les mesures nécessaires
pour prévenir tout désordre.

Nous nous reprocherions de causer quelque fatigue au lecteur, mais de graves motifs nous engageaient à reproduire ces relations, pour porter à la connaissance de tous des détails d'une certaine étendue ; d'autant plus que, sous le ministère de M. Barthe, Cabet qui déployait tant de dévouement pour faire disparaître toute cause de trouble en Corse, fut dénoncé comme travaillant à y organiser une nouvelle Charbonnerie. Son ami, M. de Cruzy, chef de la division des grâces au ministère de la justice, lui écrivait à ce sujet : « On vous a dénoncé » à Barthe comme fondateur d'une nouvelle Charbon- » nerie en Corse ; Barthe m'a cru sans hésitation quand » je lui ai dit qu'il n'en était rien. » Au reste, cette imputation calomnieuse n'était pas seulement fausse ; elle n'avait, on peut le dire, aucune ombre de vraisemblance, et elle se trouve absolument démentie par les faits que nous venons de rappeler. D'ailleurs, un des plus heureux résultats de la Révolution de 1830 avait été d'étendre la liberté de discussion, et c'était visière levée, que Cabet combattait les mauvaises tendances du Gouvernement.

On peut juger d'après ce simple aperçu sur l'état de la Corse, des obstacles que ne pouvaient manquer d'y rencontrer les améliorations dont son nouveau procureur général était jaloux de la voir doter, pendant son administration. Trois œuvres d'une extrême importance réclamaient les soins de Cabet : le rétablissement du jury, la réorganisation des justices de paix, et enfin, la réconciliation, autant que les circonstances le permettraient, des contumax avec la société.

§ III. — Rétablissement du jury en Corse.

Le 2 avril 1801, sous l'administration de M. Miot, le jury avait été suspendu en Corse jusqu'à la paix maritime. Depuis, et malgré la conclusion de la paix, la suspension avait toujours été maintenue, quoiqu'elle fût inconstitutionnelle. Dans cette période, la justice criminelle était rendue par des tribunaux extraordinaires, et le dernier portait le nom de Cour de justice criminelle. A la suite de la Révolution de 1830, de nombreuses réclamations s'élevèrent contre cet état de choses, et plusieurs députations corses demandèrent au roi qu'il fît cesser une telle anomalie. Louis-Philippe avait répondu favorablement, mais en se réservant toutefois de faire examiner la question.

Cabet, immédiatement après sa nomination, et pendant qu'il était encore retenu auprès de Dupont de l'Eure, commence avec son activité habituelle, à préparer les plans des réformes qu'il est appelé à entreprendre. Même pendant son pénible voyage, il n'interrompt pas son labeur. Le 23 octobre, de Toulon il écrit au ministre une longue lettre où il l'entretient du rétablissement du jury, et d'un projet d'amnistie en faveur des contumax. Arrivé à Bastia, il convient avec le premier Président que l'ouverture de la Cour de justice criminelle annoncée pour le 15 novembre sera ajournée ; il s'entoure de tous les documents, prend l'avis de toutes les autorités, en particulier du Préfet, qui avait aussi recueilli ses renseignements, et le 3 novembre il adresse à Dupont de l'Eure un projet d'ordonnance portant ré-

tablissement du jury en Corse ; il presse le Gouvernement de prendre cette mesure d'urgence, faisant observer que pour respecter les diverses prescriptions de
la loi, il faudra employer au moins trois mois à dresser
la première liste des jurés, et que, pendant tout ce temps,
la justice criminelle sera suspendue , inconvénient immense, beaucoup d'affaires étant déjà en état. Quelques
jours après, pour répandre une nouvelle lumière sur ce
sujet et hâter la solution demandée , il envoie au ministre une *Notice sur la justice criminelle en Corse* à
partir de l'époque de la domination génoise ; ce résumé
d'histoire judiciaire a été imprimé ultérieurement. L'ordonnance fut rendue le **12** novembre , voici en quels
termes Dupont de l'Eure l'annonce de sa propre main à
Cabet :

« Paris, le **12** novembre 1830.

» Monsieur le procureur général,

» J'ai reçu la lettre que vous m'avez adressée de
Toulon le **23** octobre dernier et celle que vous m'avez
écrite de *Bastia* le **3** de ce mois. Je les ai lues l'une et
l'autre avec un vif intérêt et je vous remercie de l'excellent travail qu'elles contiennent sur le rétablissement
du jury en Corse. Vous verrez que j'en ai profité , car
elles m'ont fourni les matériaux nécessaires pour faire
rendre par le Roi une ordonnance qui, en effet, rétablit
le jury en Corse et replace ce pays sous le droit commun
qui régit toute la France. Je vous envoie une ampliation
de cette *ordonnance*, dont vous *êtes le principal auteur*
et que je *m'honore* d'avoir contresignée. *Le roi, à qui
j'ai lu votre lettre du* **3** *de ce mois, a parlé de vous avec*

beaucoup d'intérêt et, moi, j'ai grand plaisir à vous le dire.

» J'attends le travail que vous me promettez sur les justices de paix. Ce travail a une grande importance et mérite toute votre attention. Je ne vous ferai pas attendre l'ordonnance à laquelle il devra donner lieu.

» Je vous invite aussi à méditer la question de *l'amnistie.* Si cette mesure peut assurer la tranquillité de la Corse et y commencer *une nouvelle ère de civilisation,* je ne demande pas mieux que de la proposer au roi, après que vous me l'aurez proposée de votre côté.

» Enfin, Monsieur le procureur général, occupez-vous de tout ce qui pourra faire le bien du pays que vous habitez et vous verrez le gouvernement s'empresser de seconder vos vues.

» Recevez, etc.

» Dupont, de l'Eure. »

La citation qui précède montre en quelle haute estime Dupont de l'Eure tenait Cabet, comme fonctionnaire public. Nous ne pouvons résister au plaisir de reproduire deux autres lettres de la même époque, l'une du même jour, qui témoignent de l'affection profonde qu'il lui avait vouée, de l'étroite intimité qui s'était établie entre eux. Dans leur correspondance les formes officielles disparaissent très souvent pour faire place aux confidences et aux épanchements de l'amitié.

« Paris, 12 novembre 1830.

» C'est avec un bien grand plaisir, mon cher Cabet, que j'ai reçu vos lettres. Ne me les ménagez pas par la suite.

» Vous vous portez bien et j'en éprouve une véritable satisfaction.

» Moi je suis toujours bien ennuyé, bien désireux de m'en aller à Rougepériers. Vous aurez vu par le *Moniteur* que je n'ai plus à combattre contre certaine fraction du ministère ; mais vaut-il beaucoup mieux pour cela ? J'ai bien peur que non.

» La Chambre me parait peu bienveillante pour la nouvelle administration. Le parti Guizot et Périer y a grande faveur et tout me fait présager qu'il reviendra au pouvoir dans un temps qui ne peut être bien éloigné. Pour moi, je n'attends que le moment de ma délivrance.

» Vous avez vu que Mérilhou est devenu Ministre de l'instruction publique, j'ai perdu un bon collaborateur comme secrétaire général et je l'ai retrouvé dans le conseil. Mais lui, en sera-t-il plus heureux ? J'ai bien peur que non. J'ai pour secrétaire général nouveau M. Renouard, qui m'a été donné par Mérilhou et Odilon-Barrot. Il me parait être un fort bon garçon ; mais je ne le connais pas comme je connais Cabet et quelques autres des amis qui m'entourent.

» Ma femme est retournée à Rougepériers avec mes enfants. Ils sont tous bien portants et viendront me rejoindre dans quinze jours.

» Dulong et de Cruzy sont toujours avec moi, nous parlons de vous souvent et je vous parlerais d'eux plus longuement, si de Cruzy ne devait vous écrire particulièrement.

» Maintenant, dites-moi en détail comment et avec qui vous vivez à Bastia. J'ai besoin de savoir vos peines et vos plaisirs. Vous tournez, je n'en doute pas, des regards douloureux vers la France, peut-être même vers la place Vendôme. Hélas! il y a là aussi bien des ennuis!

» Adieu, mon cher Cabet, prenez courage, donnez de l'aliment par le travail à votre esprit, ce sera le moyen de soulager votre cœur affligé. Je ne serai probablement plus ministre quand vous reviendrez ; mais je serai toujours votre ami. Aimez-moi, et croyez à tout l'attachement que je vous ai voué.

» DUPONT. »

» Paris, le 28 novembre 1830.

» Mon cher Cabet ,

» J'ai reçu toutes vos lettres, notamment celle des 12, 18 et 20 de ce mois.

» Je commence par vous en remercier de tout mon cœur, car il n'en est pas une qui ne respire le plus touchant attachement pour moi et qui n'excite le mien au plus haut degré. Croyez bien, mon ami, que je vous aime aussi très ardemment, que je sens vivement combien vous me manquez et que si j'ai consenti à vous éloigner de moi, c'est parce que j'ai vu que c'était un moyen plus assuré de vous donner une belle existence sociale, où vous puissiez servir votre pays d'une manière digne de vous. Je vois avec un bien vif plaisir que vous allez faire beaucoup de bien dans la Corse et qu'en vous rappelant plus tard en France, je n'aurai rien à proposer au roi qui ressemble à une faveur. Continuez donc à faire le bien, de concert avec M. Jourdan, mettez-moi l'un et l'autre dans le cas de parler souvent de vous au roi.

» Ce que vous me dites du bon accueil fait à l'ordonnance qui rétablit le jury en Corse, me cause un vif
plaisir. Je n'ai fait que mon devoir en la présentant au
roi, mais j'avoue qu'il est doux pour mon cœur d'avoir
attaché mon nom à cet acte de grande réparation pour
la Corse.

» Enfin, mon cher ami, vous voulez que je vous dise
en détail quelle est ma position dans le Conseil, en
d'autres termes quels sont mes ennuis et mes chagrins.
Hélas! ils sont toujours les mêmes et votre ami est toujours malheureux. Pourquoi ne se retire-t-il pas, vous
entends-je dire? Je l'ai voulu plus d'une fois, mais
d'autres ne l'ont pas voulu et j'ai déféré à leurs conseils.
La *loi d'élections* peut en être une occasion, car malgré
toutes mes instances, on ne nous l'a pas encore soumise
au conseil et ce n'est qu'aujourd'hui qu'on nous en a
distribué le projet, je vais l'examiner ce soir et former
mon plan de conduite, soit dans le conseil, soit dans la
Chambre.

» J'aurais mille choses à vous dire sur les nouveaux
ministres et ma position vis-à-vis d'eux. Elle n'est pas
beaucoup meilleure que vis-à-vis des anciens, avec lesquels j'ai eu bien tort de ne pas me retirer. Mais je n'ai
pas le temps en ce moment d'entrer dans tous les détails de mon ménage politique, et il faut que je vous
dise seulement un mot sur mon ménage domestique.
Ma femme est arrivée ce matin de Rougepériers avec
les enfants. Tous se portent assez bien et vous font
mille compliments, ainsi que Dulong, Pubelle, de Cruzy
et Barbaroux.

» Moi, je me porte toujours assez médiocrement, mais

sans pouvoir tomber malade. Adieu, je vous aime et vous embrasse de cœur. Compliments à Jourdan.

» DUPONT. »

O aimable et noble simplicité que l'on pouvait croire depuis longtemps et à jamais bannie de la terre, à voir nos prétentions si folles, n'est-il pas touchant de vous retrouver ainsi dans des hommes en qui brille le mérite le plus éminent ?

Une ordonnance royale du 12 novembre, nous l'avons dit, avait rendu à la Corse l'institution du jury, mais la Cour d'assises ne put être réunie pour la premières fois que cinq mois plus tard. Nous empruntons à la *Gazette des Tribunaux* quelques détails sur l'ouverture de la session, ainsi que les principaux passages du discours éloquent et hardi prononcé par Cabet :

LE JURY EN CORSE. — DISCOURS DU PROCUREUR GÉNÉRAL.

« La session de la Cour d'assises du département de la Corse s'est ouverte à Bastia le 1er mars, sous la présidence de M. Olivetti, doyen des conseillers. L'auditoire est nombreux, la salle, décorée avec un goût sévère qui n'exclut pas l'élégance, présente un appareil inaccoutumé. Le Christ et les fleurs de lis ont disparu. Les siéges sont occupés par les magistrats et les jurés ; la plupart des membres du barreau assistent à la séance. C'est la première fois, depuis trente ans, que le jury se montre assemblé dans le sanctuaire de la justice, et ce spectacle nouveau a, pour un public corse, quelque chose d'étrange, de solennel et de piquant tout ensemble.

» Après avoir statué sur les excuses proposées par un très petit nombre de jurés absents, la Cour procède au tirage au sort de ceux qui doivent les remplacer. M. Cabet, procureur général, se lève ensuite et prononce le discours suivant :

« Messieurs,

» Les immortelles journées de Juillet ont enfin rendu » au département de la Corse une institution libérale et » populaire, dont seul, et par une injurieuse exception, » il était resté privé pendant seize années d'oppression » sous un pouvoir usurpateur. Mais, tandis que les amis » les plus ardents de la liberté, les patriotes les plus » jaloux de l'honneur de leur pays, saluent, comme » un bienfait inestimable, le rétablissement du jury. » quelques autres citoyens, que paraît animer égale- » ment l'amour du bien public, semblent éprouver des » craintes qui pourraient paralyser les sentiments d'es- » pérance et de joie que doit inspirer la solennité qui » nous rassemble. Examinons donc si le jour qui voit » ici le jury rétabli, doit être inscrit parmi les jours » malheureux ou parmi les jours prospères, dont l'his- » toire de la Corse conservera le souvenir. »

M. le Procureur général fait ensuite l'éloge du jury et retrace l'historique de son établissement dans l'île : « La Corse, dit-il, qui, sous son célèbre Paoli, avait déjà » des magistrats électifs et temporaires, associée dès » 1789 à la nation française, fraternellement admise à » partager les bienfaits de sa constitution et de sa légis- » lation nouvelles, reçut le jury en 1792, en même

» temps qu'il s'établissait dans toutes les parties de la
» France régénérée.

» Les Anglais, qui s'emparèrent de l'île en mai 1794,
» respectèrent une institution à laquelle le peuple pa-
» raissait attaché, et ce ne fut qu'en décembre 1795,
» qu'ils la suspendirent, la guerre leur rendant indis-
» pensable une justice plus rapide et plus dévouée.

» Après l'expulsion des Anglais, en octobre 1796, la
» Constitution elle-même fut suspendue en Corse, à la
» fin de l'année 1800, et le jury y fut remplacé par un
» tribunal spécial extraordinaire. Mais, cette suspension,
» commune aux autres îles du territoire français euro-
» péen, et à douze autres départements frontières, avait
» pour cause unique la guerre maritime et continentale.
» La restauration, qui ramenait une paix lâchement et
» perfidement achetée par d'infâmes traités sacrifiant l'in-
» tégralité, l'indépendance et la liberté du pays, devait
» du moins rendre à la Corse le jury. La Charte le lui
» avait promis. »

Ici M. le Procureur général démontre combien furent
vaines ces promesses d'une Charte *octroyée, aussi trom-
peuse dans ses effets qu'illégitime dans son origine;* il
pense toutefois que, sous la Restauration elle-même, la
Corse aurait fini, grâce à la justice, et surtout à la pu-
blicité de nombreuses réclamations, par être appelée à
jouir de la loi commune.

« Mais si la restauration elle-même, continue M. Ca-
» bet, a paru disposée au rétablissement du jury, que
» ne devait pas faire une Révolution généreuse qui ve-
» nait de punir le parjure et de proclamer le respect
» pour le droit des citoyens?

» Aussi, quoique la Charte de 1830, votée au milieu
» du désordre et de la précipitation par une assemblée
» peu nombreuse, qui renfermait encore les élus du
» double vote et les produits des manœuvres d'un mi-
» nistère liberticide, contienne des vices qui seraient
» presque intolérables s'ils étaient définitifs et sans re-
» mède ; quoique cette Charte soit loin d'offrir toutes
» les garanties de liberté qu'une nouvelle et véritable
» représentation nationale, délibérant avec une solen-
» nelle maturité, n'aurait pas manqué de stipuler pour
» le pays ; cette même Charte n'en prononce pas moins
• explicitement l'abrogation de l'ordonnance du 29
» juin 1814, la suppression de la Cour de justice crimi-
» nelle de la Corse, et le rétablissement du jury dans ce
» pays. »

Ce point discuté, M. le Procureur général passe en
revue les diverses objections présentées par les adversaires du jury en Corse. Parlant de la nécessité où l'on
est placé, pour compléter les huit cents jurés de la
Corse, de descendre jusqu'au propriétaire ne payant
que 57 fr. d'impôt, ce magistrat ne trouve pas dans la
modicité de l'impôt des jurés un motif de suspendre
l'institution. « Tout citoyen, dit-il, qui vit du produit
» de ses propriétés ou de son industrie, est générale-
» ment assez intelligent pour exercer les fonctions d'é-
» lecteur ou de juré; ici surtout où le simple berger est
» remarquable par la sagacité de son esprit.

» Et qu'on ne dise pas qu'une médiocre fortune ex-
» pose à la corruption ; car l'honneur et la probité sont
» plus ordinairement les compagnons du citoyen pau-
» vre et laborieux. Ce n'est ni la raison, ni la justice,

» mais l'unique loi d'une restauration spoliatrice qui
» priva du droit électoral tous ceux qui ne payaient pas
» 300 francs d'impôt. Nos précédentes assemblées na-
» tionales ne dépouillaient pas tant de citoyens du plus
» précieux de leurs droits ; le nouveau projet que pré-
» sente aujourd'hui le ministère , bien qu'accusé de
» complaisances aristocratiques, exige lui-même moins
» de 300 francs; et lorsqu'une représentation plus homo-
» gène avec le pays, et des ministres plus identifiés avec
» la Révolution n'entraveront plus les généreuses ins-
» pirations du Prince, et réaliseront enfin la promesse
» d'appuyer son trône populaire sur des institutions
» républicaines, la masse laborieuse qui nourrit et défend
» l'État ne sera plus repoussée de l'élection et du jury.

» Messieurs, dit le Procureur général en terminant,
» le rétablissement du jury semble devoir donner à la
» Corse une existence nouvelle : il répandra dans le pays
» de nouvelles lumières , dissipera les préjugés, adou-
» cira les mœurs, inspirera le respect des lois , la pra-
» tique des devoirs civiques, l'amour de la liberté et de
» la patrie ; il mettra le Gouvernement dans la nécessité
» de faciliter les communications dans le pays, et d'y
» multiplier les moyens d'instruction et l'étude de la
» langue nationale ; il ouvrira enfin à ce département
» une immense carrière d'améliorations de tous genres.
» en l'associant à toutes les prospérités réservées au
» grand peuple qui s'avance à la tête de la civilisation.

» Aussi le Roi citoyen, accueillant les vœux des dé-
» putations de la Corse , s'est-il empressé d'accorder
» une institution qu'il regardait lui-même comme sa-
» lutaire à la liberté ; et parmi tant d'actes patriotiques
» qui recommandent à l'estime du pays le trop court

» ministère du vertueux Dupont, de l'Eure, l'un des
» actes dont lui-même s'honore le plus, est l'ordon-
» nance qui rend à la Corse le bienfait de la loi com-
» mune.

» Avant cette mémorable réparation, les esprits les
» plus sincères pouvaient, je l'admets, être divisés sur
» la question d'utilité et d'opportunité du rétablisse-
» ment du jury; mais aujourd'hui que cette question
» est décidée, et que le Jury est peut-être, non-seule-
» ment un bienfait, mais même une nécessité constitu-
» tionnelle pour la Corse, réunissons tous nos efforts,
» entrons hardiment dans la carrière des améliorations,
» sans nous rebuter de quelques obstacles, et rivalisons
» de zèle et de patriotisme pour assurer un succès dont
» dépendent l'honneur et l'avenir du pays.

» Mais ce succès pourrait-il être douteux? Quoi!
» quand, au seul exemple de la France, toutes les nations
» s'élancent avec un sublime enthousiasme vers la li-
» berté, quand le triomphe univrsel de la raison s'ap-
» proche, quand les peuples unis par une sainte al-
» liance écrasent les despotes armés pour comprimer
» leur essor, en laissant honteusement en arrière les
» pusillanimes gouvernements qui n'ont pas le courage
» de s'immortaliser en marchant à leur tète, vont avoir
» bientôt conquis des constitutions libres; quand le
» jury va s'implanter et fleurir sur l'Europe affranchie,
» ce même jury dégénérerait et périrait sur la terre de
» la Corse, sur cet antique berceau de la liberté, théâ-
» tre de tant d'héroïques efforts et de tant de généreux
» sacrifices à l'amour de l'indépendance et de la patrie!

» Non, votre pays n'offrira pas un si douloureux
» spectacle à la France attentive. Chacun de vous ac-

» courra à son poste, docile à la loi qui l'appelle et fier
» d'exercer un droit de citoyen; vous vous montrerez
» dignes de remplir le plus redoutable et le plus auguste
» des ministères ; vous tiendrez le serment sacré que
» vous prêterez dans le sanctuaire de la justice ; vous
» ne trahirez ni les intérêts de l'accusé, ni ceux de la
» société blessée ; vous n'écouterez d'autre voix que
» celle de votre conscience ; vous prononcerez sur
» l'honneur et la vie de vos concitoyens avec l'impar-
» tialité et la fermeté qui conviennent à des hommes
» probes et libres ; je n'aurai moi-même à signaler au
» prince que des jurés dévoués à leur pays, et votre im-
» partiale justice, manifestant à tous les yeux les bien-
» faits du jury, vengera la Corse d'outrageantes accu-
» sations. »

Ce discours de M. le Procureur général fit une vive
sensation sur l'auditoire.

Tous les jurés présents demandèrent publiquement,
par l'organe de l'un d'eux, que le discours fût imprimé
et tiré à un grand nombre d'exemplaires (même à leurs
frais), pour être envoyé dans tous les cantons du département. L'indépendance du langage de Cabet, en cette
circonstance, devint bientôt un grief contre lui, et fut un
des motifs secrets de la révocation qui vint le frapper
environ deux mois après.

Pendant les deux longues sessions de la Cour d'assises
qui eurent lieu sous l'administration de Cabet, le jury
répondit généralement à l'attente des patriotes par le
zèle avec lequel il s'acquitta de sa mission et la fermeté
dont il fit preuve. Il n'y eut guère qu'une seule exception regrettable à déplorer. Ce fut dans une affaire in-

finiment grave, au sujet d'une petite guerre civile meur-
trière, occasionnée à Sartène par la rentrée d'un sous-
préfet que Sébastiani avait fait conserver pour plaire à
Pozzo di Borgo (1). Cabet, qui porta la parole aux débats
où furent entendus plus de cent témoins, ne craignit pas
de braver toutes les haines des factions ennemies et d'irriter contre lui les plus hautes influences, en flétrissant
de sa parole indignée un acte si contraire à l'opinion
publique et à l'intérêt du pays qu'il avait mis tout en
feu. Le sang impunément versé à Sartène arrache un cri
de douleur et de découragement à M. Jourdan, préfet de
la Corse. Il dit à Cabet dans une lettre : « La justice in-
digène, c'est la justice du poignard. »

Nous ne donnerons quelques détails que sur une
seule des causes d'importance majeure où Cabet soutint l'accusation. Si nous la choisissons de préférence,
c'est qu'elle révèle plus particulièrement ce génie si
humain dont il s'est toujours inspiré, et décèle l'homme
vraiment supérieur dans le procureur général. En voici
les circonstances :

Le fils du notaire Quilichini avait promis d'épouser
la sœur de Comiti. Plusieurs fois le mariage avait été
sur le point de se célébrer. La dot était convenue, et
même à moitié soldée. Les bans avaient été publiés.
Mais après avoir fréquenté sa fiancée pendant huit ans,
tout à coup le jeune homme l'abandonne ; puis, il

(1) Le ministre Sébastiani était entièrement à la dévotion de l'ambassadeur de Russie :

« Sachez bien et n'oubliez jamais que M. Pozzo di Borgo rend à *la
paix de l'Europe, au roi, des services éminents,* » écrit-il à un de
ses amis de Corse en septembre 1830.

amène chez son père une autre femme, et annonce le
projet de l'épouser. Quilichini agissait ainsi, paraît-il,
à l'instigation de son père, et alléguait pour motif, en
délaissant la sœur de Comiti, qu'il craignait qu'elle ne
lui donnât pas d'enfant.

Après beaucoup d'instances inutiles pour déterminer
celui qui avait pris l'engagement d'être son beau-frère
à épouser sa sœur, Comiti était devenu, suivant l'usage
corse, l'ennemi déclaré de la famille Quilichini. Cédant
au préjugé de la vendetta, il tua Quilichini père, près
d'une fontaine, hors du village de Sorbollano qu'ils ha-
bitaient. On l'avait vu, près de la fontaine, se dirigeant
vers celle-ci avec un inconnu, tous deux armés et marchant à grands pas. Quoique le meurtre se fût accompli
loin de tout témoin, la voix publique accusa immédiatement Comiti, qu'on savait être l'ennemi et le seul
ennemi du notaire et de son fils. Il prit à l'instant la fuite
et ne reparut plus dans le pays.

On soupçonnait que l'inconnu était un étranger au
canton, le nommé Sampiero, contumax, condamné à
mort pour un grand nombre d'assassinats, l'un des plus
redoutables bandits de la Corse, qu'on regardait généralement comme un sicaire prêt à se rendre l'instrument de toutes les vengances. Ils furent, en effet, surpris ensemble cinq mois après, dans un village voisin,
chez un parent de Comiti qui leur avait donné asile.
La gendarmerie fut obligée de leur livrer combat, et ils
se défendirent pendant trois jours, espérant que six ou
sept cents paysans viendraient les secourir. Mais ils ne
purent s'évader, parce qu'on avait fait venir tous les
postes de gendarmes et de voltigeurs des environs et
même de la troupe de ligne. Comiti se rendit enfin à

discrétion du consentement de Sampiero, et celui-ci se
tua ensuite de sa propre main , suivant la tradition
d'honneur des bandits les plus fameux, qui gardent toujours deux cartouches qu'ils se destinent à eux-mêmes,
pour éviter la honte de mettre bas les armes devant la
force armée.

Jusqu'au fatal événement, Comiti avait joui d'une réputation intacte. C'était un homme doux, intelligent,
ayant quelque instruction. On avait voulu en faire un
greffier de juge de paix, et le notaire lui-même l'avait
quelquefois employé comme scribe.

Quand le jour du jugement arriva Quilichini fils était
plaignant et présent. Cabet se réserva cette affaire qui
préoccupait vivement les esprits. Il accusa avec énergie
parce que le crime était manifeste ; il soutint que la
paix, l'ordre, l'intérêt général, la sécurité de tous exigeaient que la vengeance personnelle (vendetta), fît
place à la justice sociale et au respect des lois, et il
exhorta le jury à donner un grand exemple de fermeté
et de sévérité. Il fit même arrêter des témoins qui paraissaient évidemment mentir pour sauver le coupable.

Mais, en même temps, il reconnut que la vendetta
corse prenait sa source dans un profond sentiment de
justice et de dignité humaine ; il ne craignait pas d'a-
vouer qu'il y avait quelque chose de généreux et de
grandiose dans des mœurs nationales qui rendent tous
les hommes d'une famille solidaires, protecteurs de leurs
filles, de leurs femmes, de leurs mères, de leurs sœurs,
obligés de risquer leur vie pour elles ; il proclama que rien
n'était plus perfide, plus lâche, plus inique, ne méritait
plus d'être assimilé au vol et à l'assassinat que de sé-
duire, de tromper, d'abandonner et de perdre une jeune

fille ; il déclara que le plaignant, demandant vengeance pour son père dont il avait causé la mort en trahissant une femme, en foulant aux pieds un engagement sacré, était moins intéressant à ses yeux que l'accusé bravant l'échafaud pour venger sa sœur ; et qu'il ne poursuivait celui-ci qu'à regret, pour s'acquitter d'un pénible devoir... Puis, et c'est surtout ce qui mérite d'être remarqué, la réponse du jury présentant deux interprétations, dont l'une entraînait la peine capitale et l'autre les travaux forcés, l'accusé et même son avocat gardant le silence, ce fut le procureur général qui vint en aide à la défense, qui indiqua le moyen de salut inaperçu par eux et qui fit de longs et chaleureux efforts pour démontrer l'interprétation favorable et pour exhorter la Cour à l'adopter, soutenant que l'intérêt de la société réclamait avant tout la justice et l'humanité.... Admirons ici la haute raison de Cabet qui l'éleva, en cette circonstance, au-dessus des traditions de sa charge! On peut se figurer l'étonnement, la surprise, l'émotion, parmi les citoyens, les avocats, les témoins, les jurés et les juges, dans un pays où presque tous les procureurs généraux avaient cru nécessaire de n'ouvrir la bouche que pour demander des condamnations! Plus sévère que le ministère public. déterminée sans doute par la nécessité d'un exemple de rigueur pour une des premières opérations du jury, et par la certitude que le procureur général obtiendrait une commutation pour le condamné, la Cour appliqua la peine de mort.

Trois jours après, quand Cabet alla voir Comiti dans son cachot pour savoir de lui la vérité, cet infortuné, qui avait montré une incroyable audace pendant les débats, après s'être précipité à ses pieds pour les baiser en signe de repect, lui dit qu'il avait été cent fois plus touché de l'intérêt qu'il lui avait témoigné qu'irrité des attaques que ses fonctions l'avaient obligé de diriger contre lui. Puis, il fit sans hésiter et avec une confiance vraiment touchante, les aveux les plus étendus, répondant à toutes les questions avec une sincérité manifeste.

Cabet sollicita et obtint pour lui une commutation de peine, et à dix ans d'intervalle, ce condamné qui conserva toujours le souvenir de ses bienfaits, lui écrivait en ces termes :

« Monsieur Cabet ,

» Il est impossible que vous ayez entièrement ou-
» blié l'homme qui vous occupa si sérieusement aux
» audiences du 10 jusqu'au 14 mai 1831, par-devant la
» Cour d'assises de Bastia en Corse. Il est impossible
» que le malheureux pour qui vous ne *fûtes point alors*
» *sans sympathie*, vous trouve aujourd'hui *sourd à sa*
» *prière*. — Toujours sous le poids de sa peine éter-
» nelle, Comiti (Bernardino) a déjà vu messieurs les ad-
» ministrateurs de sa prison solliciter en vain pour lui,
» dans leurs tableaux, une indulgence qu'il s'efforce
» depuis dix ans de *mériter*. — Il vous agrée peu sans
» doute de plaider aujourd'hui pour le malheur, de-
» vant des juges qui ont méconnu votre *noble carac-*
» *tère !* Laissez-moi cependant, Monsieur, vous solli-
» citer, vous qui connaissez mes antécédents et mes
» habitudes ; marquez par un nouvel acte d'humanité
» votre passage dans cette Corse sauvage, où de si
» *chers souvenirs* vous sont pourtant gardés au *fond*
« *de bien des cœurs.* Demandez pitié pour un malheu-

» reux ; et surtout, ne repoussez pas l'expression bien
» humble du *respect profond* avec lequel il est, etc.

» Bernardino COMITI. »

§ IV. — De la réorganisation des justices de paix. Cabet entreprend
de délivrer la Corse du band.tisme.

Le marquis de Rivière, envoyé en Corse vers la fin de
1815, en qualité de commissaire extraordinaire du roi,
destitua la plupart des anciens fonctionnaires, naturellement suspects au pouvoir qui venait de s'emparer du
gouvernement de la France, avec l'appui de l'étranger.
Il les remplaça par des amis dévoués de la Restauration,
hommes de parti, qui, sauf des exceptions fort rares,
n'avaient ni instruction, ni capacité.

A son arrivée en Corse, Cabet trouva encore sur leurs
siéges presque tous les juges de paix nommés par le
commissaire de Louis XVIII. En vertu même de leur
origine, ils étaient ennemis de l'ordre de choses inau-
guré en Juillet, et d'ailleurs ils remplissaient mal leur
mission comme magistrats. Aussi l'opinion publique
s'était-elle généralement prononcée contre eux. Rien de
plus regrettable qu'une telle situation, car les juges de
paix dont le ministère et le nom même manifestent l'esprit si profondément régénérateurs de 89, sont les représentants et les organes de la loi auprès des habitants
des campagnes, et c'est en grande partie par leur
influence que les préjugés séculaires peuvent être déra-
cinés, les idées saines propagées , et que dans les con-
trées semblables à la Corse, le triomphe du droit doit se

substituer enfin à l'empire de la force brutale, trop longtemps subi par des populations réfractaires au progrès.

Après la révolution de 1830, tout le monde s'accor-
dait à dire que la réorganisation des justices de paix
était peut-être la plus importante de toutes les réformes
qu'on pût accomplir en Corse; mais elle y présentait
de bien sérieuses difficultés, car il fallait, en faisant les
nominations, éviter les hommes qui, par trop d'ardeur et
par leurs inimitiés notoires, étaient incapables de maintenir la tranquilité dans les cantons ; et les sujets qui
réunissaient toutes les qualités nécessaires, surtout l'instruction et l'impartialité, étaient en fort petit nombre.
Ne s'inspirant que de l'amour du bien public, Cabet
s'efforça de tirer le meilleur parti possible des circonstances pour améliorer cette branche de l'administration
de la justice. Il recommandait aux procureurs du roi de
se rendre l'écho du vœu des populations, dans la présentation des candidats : « C'est surtout aux fonctionnaires choisis par lui que le peuple accorde sa confiance
et ses respects, leur écrivait-il. Il faut donc rechercher
quels sont les citoyens que le peuple, et notamment la
partie la plus éclairée et la plus influente du peuple.
choisirait s'il était chargé de l'élection. » Les nombreux
postulants qui venaient le solliciter, en protestant de
leur éternelle reconnaissance, étaient tout étonnés de
l'entendre dire : « Les places ne sont pas à moi, je ne
puis en disposer que dans l'intérêt du pays, en faveur
des plus dignes et des plus capables. Ceux qui les méri
teraient ne me devront pas de reconnaissance, comme
aussi ceux qui ne les obtiendront pas ne sauraient être
fondés à me haïr. »

Après avoir, avec le concours des procureurs du roi, des présidents des tribunaux et des sous-préfets, recueilli toutes les informations utiles sur les juges de paix, leurs suppléants et leurs greffiers, ainsi que sur les candidats qu'une sorte de suffrage tacite semblait désigner pour leur succéder, Cabet fit ses propositions au ministre. Le garde des sceaux, qui n'était plus Dupont (de l'Eure), assiégé par mille solliciteurs et circonvenu par les personnages les plus puissants de la Corse, n'avait encore pris aucune résolution, malgré les instances pressantes et réitérées du procureur général de Bastia, lorsque ce dernier cessa ses fonctions. Mais son travail n'en fut pas moins utile pour éclairer le gouvernement, et préparer les remaniements urgents déjà dont il fallut bien plus tard reconnaître la nécessité.

Cabet, qui n'hésitait jamais à se mesurer avec les plus grands obstacles toutes les fois qu'il s'agissait de lutter contre le mal, nourrissait le désir de mettre un terme à l'un des plus grands fléaux de la Corse en la purgeant de ses implacables contumax ou bandits. Mais, fidèle à cet esprit de bonté éclairée qui faisait briller pour lui une lumière supérieure, il ne voulait employer à cette œuvre épineuse de régénération que la justice, la douceur et l'humanité. Les populations avaient été frappées, dès l'abord, de l'aménité de ses manières, de son respect des traditions indigènes dans ce qu'elles pouvaient avoir d'honorable, de la largeur de ses vues, de son amour de l'équité surtout; le procureur général exerçait une sorte de prestige sur ces imaginations passionnées et poétiques qui sentaient dans un caractère de cette trempe une supériorité pour elles étrange et

jusqu'alors inconnue. La confiance qu'il inspirait fut
telle que plusieurs contumax se constituèrent prisonniers et que deux (1) des plus redoutables bandits qui
avaient tué vingt à trente gendarmes, dans diverses
rencontres, consentirent à faire cinquante lieues pour
venir sur sa parole, mais avec leurs fusils, leurs pisto-

(1) L'un d'eux était le fameux Mennoti. L'autorité venait de faire
mettre en état d'arrestation un autre contumax soupçonné d'un meurtre récent. Le procureur général surveillait lui-même l'instruction avec
la sollicitude attentive qu'il apportait à l'examen de toutes les affaires.
Le prévenu se retranchait dans un système de dénégation absolue relati-
vement au fait qui lui était imputé; les dépositions des nombreux témoins entendus par le juge d'instruction répandaient peu de lumière
sur l'événement principal. Il n'en ressortait bien clairement qu'une
seule chose, c'est que que Mennoti avait été présent et que lui seul
pouvait révéler les circonstances du crime. Cabet saisit cette occasion
de se mettre en rapport avec l'un de ces hommes redoutables qui, malgré les méfaits qu'ils ont commis, et leur vie errante dans les bois
de makis en makis et de caverne en caverne, n'en jouissent pas moins
d'ordinaire d'une grande réputation de loyauté et d'honnêteté, grâce
aux préjugés du pays. Le procureur général fit donc proposer une entrevue au bandit; des négociations eurent lieu pour en fixer les condi-
t'ons, et il fut convenu que Mennoti viendrait armé de toutes pièces,
dans le cabinet de Cabet, que celui-ci le recevrait seul, et sur sa parole
qu'il ne serait fait aucune tentative pour l'arrêter. Mennoti vint sans
crainte au rendez-vous et raconta les faits qui concernaient l'accusé en
fournissant tous les détails utiles. Une longue conversation s'engagea
ensuite entre ce singulier visiteur nocturne et le magistrat qui le recevait dans sa demeure, car si Cabet avait désiré le voir, c'était moins
pour lui demander des renseignements sur le prisonnier que pour arriver à bien connaître, en conférant avec lui, la condition générale des
contumax de l'île entière, afin de mieux concerter les mesures qu'il
convenait de prendre pour extirper le banditisme même. Au milieu de
ses révélations et de ses confidences, Mennoti ne crut pas devoir dissimuler les amères tristesses et les douleurs secrètes de sa misérable
situation.

lets et leurs poignards, le voir, vers minuit, chez lui,
dans l'hôtel même que le général habitait aussi, et
dont la porte était gardée par des soldats. Tout annonçait que sa noble tentative allait être couronnée de
succès, surtout si Dupont (de l'Eure) était resté au pouvoir, car le ministre et même le roi lui auraient ac-
cordé tous les moyens qu'il aurait jugés nécessaires
pour pacifier le pays, même une amnistie. Mais on ne
lui laissa pas le temps d'achever ce qu'il avait si heureusement commencé, et ce n'est que tout récemment,
et après des péripéties bien douloureuses, que le banditisme corse vient d'être à peu près dompté, et encore
a-t-il fallu pour y parvenir que le Corps législatif votât,
en 1853, une loi d'exception ayant pour objet de *prohiber temporairement le port de toute espèce d'armes
sur le territoire de l'île.* Espérons que bientôt les che-
mises ensanglantées suspendues au plafond, les barbes
de vengeance, les mères qui ne consentent au mariage
de leurs fils qu'après satisfaction donnée aux mânes pa-
ternels n'existeront plus que comme des souvenirs his-
toriques, et que ces vieilles mœurs corses si atroces
iront enfin rejoindre toutes les choses à jamais mortes
du passé.

§ V. — Voyage de Cabet à Paris. — Sa révocation.

Cependant, les événements se précipitaient et chaque
jour amenait des déceptions nouvelles pour les amis de la
liberté. Louis-Philippe affectait bien encore de montrer
des sentiments de libéralisme et une sympathie généreuse
pour l'indépendance des peuples. Mais ses actes démen-

taient ses paroles, et, peu soucieux d'accomplir ses promesses, il écartait avec adresse et persévérance les principes et les hommes de 1830, et se préparait à trahir la
cause des peuples pour se rendre agréable aux têtes cou-
ronnées. Dominé par les vues étroites d'une politique que
ses préoccupations dynastiques empêchaient d'être nationale, il voulait secrètement et avec opiniâtreté tout
ce qu'il s'était engagé solennellement à éviter : à l'intérieur se concilier la faveur des légitimistes, celle des
rois à l'extérieur, et surtout arrêter insensiblement l'essor de la révolution, qu'il secondait en apparence afin
de pouvoir plus sûrement la dompter et l'étouffer au
besoin dans le sang de ses défenseurs. Aussi le trouble
était-il partout en France et en Europe ; une immense
attente avait été excitée, et une volonté hostile, inflexi-
ble veillait à ce qu'elle ne fût point satisfaite.

L'insurrection de Pologne en annonçait une autre en
Italie, et le gouvernement ne transmettait ni au général,
ni au préfet, ni au procureur général de la Corse, aucune instruction dans le sens de la révolution. Cabet,
après s'être concerté avec M. Jourdan et le général
Merlin, revint spontanément à Paris, au cœur de l'hiver, à travers mille périls, pour connaître les intentions
du gouvernement, et savoir quelle attitude les dépositaires de l'autorité en Corse devaient prendre à l'égard
de l'Italie.

Quel ne fut pas son étonnement de trouver Dupont (de
l'Eure) et Lafayette démissionnaires, parce qu'ils ne pouvaient plus tolérer la marche rétrograde et contre-révo-
tionnaire du gouvernement. Mérilhou avait succédé à
Dupont (de l'Eure). Voyant bien que la politique royale

allait abandonner la Pologne, l'Italie et la révolution, il se serait à l'instant démis de sa charge, s'il avait été un personnage plus important, dont l'exemple eût été capable d'exercer quelque influence sur l'opinion publique. Il retourna en Corse, résolu à ne faire aucune concession, à parler et à agir d'après sa conscience, sans désirer ni redouter sa destitution.

De retour à Bastia, il écrivit à Dupont (de l'Eure) :

« Où allons-nous, mon cher monsieur Dupont?
» Avons-nous, de nouveau, un gouvernement anti-
» national, parjure et traitre? Ce qui est certain, c'est
» que la masse des patriotes est mécontente, blessée,
» souffrante et plus irritée même qu'avant la révolu-
» tion. Quel crime de la part des auteurs d'un tel chan-
» gement! Quelle responsabilité pèsera sur eux ! L'Italie
» s'agite autour de nous et sous nos yeux : nos secours
» lui seraient utiles comme à nous; et je ne puis rien !
» Je suis comme enchainé dans une prison ou dans un
» exil, brûlant d'amour pour la liberté, prêt à me dé-
» vouer pour mon pays, mais éloigné, impuissant,
» inutile! Adieu, mon cher et respectable ami, croyez-
» moi toujours un de vos plus affectionnés et dévoués. »

Bientôt après, en prévision de la dissolution de la Chambre qui était imminente, les électeurs de sa ville natale lui offrirent leurs suffrages. Désespéré de la marche du gouvernement, ne doutant plus que le système de Louis-Philippe ne conduisît la France aux abimes, convaincu que tout patriote dévoué devait monter sur la brèche, ne consultant que son zèle pour la chose publique, il adressa, le 7 avril, à ses compatriotes une profession de foi politique, dans laquelle il disait :

« Je pense que la glorieuse révolution de Juillet,
» consacrant la souveraineté nationale, est incompa-
» tible avec le pouvoir despotique des souverains abso-
» lus de l'Europe, et que l'honneur et les affections du
» pays, comme ceux du gouvernement, doivent sympa-
» thiser avec les efforts généreux des peuples qui ont
» pris les armes pour la cause de leur liberté, et qui
» serviront de sauvegarde à la nôtre...

» Que la législation et l'administration doivent enfin
» et constamment avoir pour but unique l'intérêt gé-
» néral de la Société, et l'amélioration du sort des
» classes pauvres et laborieuses. »

Un tel langage constituait un nouveau grief contre le
procureur général de la Corse. Il ne pouvait guère tar-
der à être honoré d'une destitution, quoique la correspondance officielle du ministère eût constaté, à plusieurs
reprises, que le procureur général de Nimes, M. Joly,
et celui de Bastia, étaient ceux dont le gouvernement
était le plus satisfait sous le rapport du service. Son
ami, M. de Cruzy, faisait cependant de grands efforts
pour le maintenir dans ses fonctions. Il lui écrivait le
3 mai :

« Mon cher ami,

» Barthe me disait il y a quelques jours: Cabet est
» un excellent procureur général. Il fait son travail
» avec soin, zèle et talent. Il est homme probe et ferme.
» Il rend, dans la position où le gouvernement l'a placé,
» d'utiles services au pays. Pourquoi faut-il que, par
» les attaques violentes qu'il dirige contre le gouverne-
» ment, il le mette dans la nécessité de priver le pays

» de ses services. Nous y perdrons tous. Il pleut des
» dénonciations qui le représentent irrité au dernier
» degré contre la marche du gouvernement et ma-
» nifestant à tous cette irritation. Dites-lui de se modé-
» rer un peu.

» Hier, Barthe m'a reparlé de vous. On a délibéré
» en conseil sur votre conduite comme procureur géné-
» ral. Ses efforts pour votre maintien ne pourront pas
» suffire longtemps. Votre circulaire aux électeurs et
» votre discours aux jurés font craindre au ministère
» que vous ne fassiez usage de tous les moyens que
» vous donne votre position pour combattre et faire
» repousser les candidats ministériels aux prochaines
» élections de la Corse. Je ne serais donc pas surpris
» que vous ne fussiez plus procureur général au mois
» de juin. Attendez-vous-y, l'opinion ici se détériore
» de jour en jour.

» DE CRUZY. »

Le 9 mai sa révocation parut au *Moniteur*, contresignée du nom de M. Barthe, son ancien camarade, son
ami, alors ministre de la justice, qui ne daigna pas lui
faire parvenir d'information plus directe.

Le 10, M. de Cruzy lui annonçait sa disgrâce en ces
termes :

« Mon cher ami,

» Barthe a signé avec regret votre remplacement. Il
» désire que vous puissiez occuper à Paris une place
» où vos opinions seront sans conséquence pour le gou-
» vernement. Le voudrez-vous ? »

M. de Cruzy ajoutait, à cette occasion, qu'il savait
que son ami ressentirait moins de peine de cette nouvelle qu'il n'en éprouvait à la lui annoncer.

Cabet lui répondit :

« Mon cher de Cruzy,

» J'ai reçu votre lettre par laquelle vous m'annoncez
» ma révocation, en ajoutant que cette nouvelle vous
» fait plus de peine qu'elle ne m'en fera. Je vous re-
» mercie de votre intérêt amical. Cet événement ne
» me cause, en effet, d'autre déplaisir que celui que
» j'éprouve en voyant le chemin funeste dans lequel le
» gouvernement s'avance de plus en plus et la fatale
» influence qu'exerce un homme (le comte Sébastiani,
» ministre des affaires étrangères) qui sacrifie tout à
» sa vaniteuse ambition... »

La mesure qui frappait Cabet fut réprouvée par l'opinion publique, les manifestations les plus sympathiques
lui arrivèrent de toutes parts.

Les patriotes de Bastia protestèrent par une sérénade
et par une députation qui lui adressa ces paroles :

« Monsieur,

» Le coup que le gouvernement de la quasi-restaura-
tion vient de vous porter a affligé les vrais patriotes de
cette ville. Chargé par eux d'être leur organe, il m'est
impossible de vous exprimer la douleur qu'ils éprouvent
de ne plus voir diriger la Justice, dans un pays qui en
a tant besoin, par un magistrat qui a consacré toute sa
vie à la liberté de notre chère France.

» Placé dans une sphère élevée, dédaignant les faveurs d'un pouvoir qui se dénie, vous avez donné l'exemple d'un *triomphe moral depuis longtemps inconnu dans ce département* ; cet exemple, nous l'espérons, ne sera point infructueux.

» Que les vents et la fortune vous soient propices! nos vœux vous suivront partout. »

Ses trois substituts, M. Tamiet, premier avocat général, M. Flandin, deuxième avocat général, et M. Sorbier, lui donnèrent un témoignage bien rare d'attachement. Ils voulaient le suivre dans sa retraite.

M. Flandin dit publiquement à la Cour d'assises :

« L'accusation eût emprunté beaucoup de force de la parole si puissante du magistrat que vous avez vu assister aux premiers débats de cette affaire, et qui s'était réservé le soin de la développer devant vous; mais vous connaissez les causes qui l'ont tout à coup éloigné de cette audience. Pour avoir osé manifester des principes politiques différents de ceux qui dirigent aujourd'hui la marche du gouvernement, la colère ministérielle est tombée sur lui. Ainsi, cette doctrine si profondément immorale, digne en tout d'un gouvernement fondé sur la fraude et le mensonge, cette doctrine, que professaient les De Villèle et les De Corbière, et que flétrissait l'opposition d'alors, maîtresse aujourd'hui du pouvoir, cette doctrine, suivant laquelle tout homme, en entrant dans les emplois publics, doit laisser là sa conscience pour en prendre une à la dévotion de tous les ministres qu'il verra se succéder aux affaires, on la retire aujourd'hui des égouts de la Restauration pour en faire l'application aux fonctionnaires sortis de la révolution de Juillet. Mais il se rencontrera des hommes fermes et consciencieux qui, croyant honorer les emplois publics autant qu'ils en sont honorés, n'hésiteront pas un instant à déposer leurs fonctions pour garder leurs principes, et donneront ainsi un exemple qui pourra hâter le progrès des mœurs publiques. Un intervalle immense sépare la jeune France des hommes de l'Empire et de la monarchie restaurée. Il est temps qu'on sache si toujours les paroles seront démenties par les actes, et si la loyauté, la franchise, le désintéressement ne seront pas des vertus de l'homme public, comme elles sont des vertus de l'homme privé. »

« Tout le monde ici rendra justice à la trop courte administration de M. Cabet. Jamais magistrat n'eut un sentiment plus profond de ses devoirs, et ne sut les remplir avec plus de zèle et de probité; jamais fonctionnaire ne se montra plus accessible, plus ami de l'égalité plébéienne, et n'écouta avec plus de bienveillance la plainte de l'opprimé ; jamais, enfin, on n'apporta, du continent en Corse, une volonté plus ferme de travailler avec ardeur au bien du pays. »

Le premier avocat général, portant la parole pour l'installation du successeur de Cabet, ne craignit pas de rendre un nouvel hommage à ses mérites:

« M. Cabet a laissé d'honorables souvenirs dans ce pays, dont il aimait les habitants, et où il a constamment exercé ses fonctions en homme de bien, en citoyen vertueux, en magistrat éclairé, impartial, et scrupuleusement consciencieux....

« M. le procureur général, les officiers du ministère public à la tête desquels vous venez vous placer, connaissent leurs devoirs; ils sauront les remplir... Soyez convaincu surtout que ce n'est pas votre arrivée parmi

nous qui excite nos regrets; c'est le départ de votre
prédécesseur qui cause seul notre affliction. »

Les proscrits politiques, les Italiens surtout, qui
avaient trouvé auprès de Cabet un accueil toujours
sympathique et un bienveillant appui, considérèrent
comme un devoir de s'associer à ce deuil public. M. La-
cecilia, l'un d'entre eux, adressa en leur nom une protestation aux journaux de Paris. Elle était ainsi conçue :

« Une nouvelle destitution découvre de plus en plus
le dessein du ministère Périer, un nouvel acte de rigueur
démontre encore davantage que le patriotisme est un
crime; la défense des principes de Juillet un méfait; et
qu'aucun fonctionnaire public ne peut espérer d'être
en faveur, s'il ne se courbe sous le joug d'une autre
restauration.

» M. Cabet, procureur général près la Cour royale
de Bastia, vient d'être enveloppé dans les proscriptions
ministérielles. C'est une des nombreuses victimes
immolées sur l'autel du juste-milieu.

» La destitution de cet honorable magistrat, pour
qui les principes libéraux sont une vérité sacrée, et les
sentiments d'honneur national une loi, n'excite pas
seulement l'indignation des cœurs vraiment français,
elle afflige encore extrêmement les réfugiés italiens. Ils
voient dans la disgrâce de Cabet la persécution de leur
défenseur, le triomphe de l'égoïsme, la persévérance
opiniâtre, enfin, d'une politique abominable et peut-être
un jour fatale même à la France !

» Si les Italiens avaient le bonheur de posséder une
patrie, ils l'offriraient comme un asile à la vertu persé-
cutée; mais puisque ce bien sans prix leur est refusé,

c'est une douce satisfaction pour eux de rappeler et de signaler à la généreuse nation française la conduite de Cabet, qui n'a pas craint d'opposer à la volonté arbitraire des ministres le bouclier de la loi, et a osé empêcher que les réfugiés italiens de l'ile de Corse ne fussent traînés comme des ilotes sur le territoire continental de la France, pendant que leur patrie était envahie par l'étranger et que l'asservissement d'un peuple était résolu.

» Cette conduite, qui affrontait la lutte avec l'omnipotence mistérielle, jointe au patriotisme si connu de Cabet, a accéléré l'éclat du tonnerre ; mais, appréciée comme elle le mérite par les vrais amis de la liberté, elle fournira encore quelques pages au récit des infortunes italiennes ; et quand on lira les iniquités des puissants qui vendirent l'Italie à la tyrannie de l'épée et de la tiare, on bénira le nom d'un magistrat qui, préférant la justice aux honneurs, le droit des gens au pouvoir de la force brutale, sut rentrer pur dans les rangs de ses concitoyens.

> » G. Lacecilia, proscrit napolitain ;
> » Francesco Bertioli, réfugié parmesan ;
> » Ferdinando Gatteschi ;
> » Girolamo Ripaldo, Grec de Céphalonie ;
> » Luigi Pazraglia ;
> » Nicolo Foca ;
> » Scipione Pinelli ;
> » Bucologie Luigi ;
> » Grossardi Giovanni, Parmesan.
>
> » Bastia, le 7 mai 1831. »

Cabet écrivit au ministre pour s'élever contre son injustice, il ajoutait :

« Une sérénade m'a été donnée la veille de mon départ ; une députation est venue m'exprimer les regrets des patriotes ; des inconnus à qui j'avais rendu justice sont venus baiser mes mains avant que j'aie pu les en empêcher et ont rapidement disparu après les avoir baignées de leurs larmes ; les prisonniers (dont beaucoup s'étaient récemment constitués d'eux-mêmes) ont témoigné de la douleur que leur causait mon départ ; enfin, un grand nombre de citoyens, dont beaucoup ne pouvaient retenir leurs larmes, m'ont accompagné jusqu'au bateau.

» Demandez si beaucoup d'autres fonctionnaires ont quitté l'île avec de pareils témoignages de la bienveillance publique !

» Si la disgrâce dont je suis si subitement frappé avait pu m'affliger pour moi-même, ces regrets m'auraient déjà consolé... »

Cabet partit immédiatement pour Dijon où l'appelait la lutte électorale. Le roi lui-même avait recommandé de lui offrir un dédommagement, mais le manque d'égards dont il avait été l'objet et le soin de sa dignité suffisaient pour lui interdire de rien accepter de la part d'un semblable ministère.

§ VI. — Appréciation de Cabet considéré comme magistrat.

Tels furent les travaux de Cabet en Corse ; administrateur habile, il imprimait la vie à toutes les parties du service, faisait régner partout l'ordre en même temps que la bonne harmonie, et embrassait tout dans sa prévoyance. Ennemi des abus, il mettait le soin le plus attentif à les extirper, dévoué à toutes les améliorations utiles et pratiques, il ne négligeait rien pour en assurer la prompte application. Il déploya, dans le cabinet et à l'audience, les plus hautes facultés, ainsi qu'une activité soutenue et infatigable ; dans ses rapports avec ses subordonnés, il fut toujours plein de bienveillance, et d'indulgente bonté. Il s'est concilié l'amitié de ses collaborateurs, il a laissé dans leur âme un souvenir ineffaçable ; nous l'avons vu, plusieurs étaient résolus à se retirer avec lui lorsqu'il cessa ses fonctions. M. Tamiet s'est particulièrement honoré par le dévouement dont il lui donna tant de preuves, et par la noble indépendance de caractère qu'il montra dans cette occasion, conduite d'autant plus méritoire qu'il était sans fortune et avait à pourvoir aux besoins d'une nombreuse famille.

Ces qualités éminentes, quoique peu communes, sont quelquefois l'apanage des hauts dignitaires de la magistrature ; mais Cabet en possédait d'autres qui sont plus rares encore. C'est ainsi que par un sentiment profond d'humanité, il s'intéressait au sort des coupables eux-mêmes, et ne manquait jamais de saisir chez eux ce qui pouvait encore honorer la nature humaine et les relever à leurs propres yeux.

On pouvait démêler deux rôles dans son caractère : à côté du magistrat on trouvait le philosophe ; à côté du représentant de la justice légale, trop souvent inexorable, apparaissait l'ami de l'humanité, dont aucun égarement de ses semblables ne pouvait déconcerter la mansuétude.

Interprétée par lui, la loi n'avait rien d'implacable, elle n'excluait pas de sa sollicitude celui même qui en avait, par égarement, méconnu la sainteté ; elle était moins un anathème qu'un appel à la réhabilitation.

Comiti fut touché jusqu'au fond de l'âme de ce sentiment magnanime, de cette équité si délicate et si inat-
tendue (1).

Comment peindre enfin ce besoin de remplir sa mission de la manière la plus digne et la plus élevée, ce
respect absolu des principes qui forment la sève vivi-
fiante de la civilisation moderne, cet amour des libertés
publiques réalisées à l'aide des institutions, cette sympathie active pour l'indépendance des peuples et pour les
progrès de leur régime intérieur. Il ne bornait pas son
horizon aux murs de la salle d'audience, il portait plus
haut et plus loin ses regards; il avait en vue, dans tous
ses actes, la patrie entière et l'humanité. Au dehors
comme au dedans, car son influence s'étendait quelquefois jusqu'à l'étranger, il agissait toujours en serviteur
dévoué, en disciple fidèle de la révolution. Dans les
moindres détails de son administration, il poursuivit un
but supérieur, sans jamais faire de retour sur lui-même,
en foulant aux pieds toutes les considérations personnelles qui pèsent sur plusieurs, comme une chape de
plomb.

Voici deux passages de sa correspondance, où se ma-

(1) Dans son discours d'installation, il avait tracé, à la fois en pu-
bliciste philosophe et en moraliste pratique, les devoirs des magistrats
du parquet :

« Le ministère public respectera le malheur, accusera *sans haine* et
sans passion, comme *sans ambition* et *sans faiblesse* : organe de la
société qui demande l'*acquittement de l'innocent*, plus encore que
la *condamnation du coupable*, il ne laissera jamais son amour-propre
s'intéresser au succès de l'accusation, et saura avoir le courage de
reconnaître l'erreur qui poursuivait l'innocence, aussi bien que celui
de requérir contre le crime l'application des lois. »

nifeste une attention scrupuleuse à incarner dans les faits l'esprit nouveau.

Bastia, 10 décembre 1830.

« Monsieur le Garde des Sceaux,

» Dans la circulaire que vous m'avez adressée pour faire changer la tenture aux fleurs de lis, dans la Cour et dans les Tribunaux du ressort, vous ne m'avez pas parlé des crucifix et des tableaux religieux placés dans les salles d'audience. J'ai vu cependant, par les journaux, que dans plusieurs départements l'enlèvement en a été demandé, sur ce fondement qu'il est dans l'esprit de la charte nouvelle et plus conforme à la liberté absolue de conscience qu'elle proclame, de prohiber tout signe extérieur d'un culte quelconque.

» Au surplus, je n'agirai, dans une matière aussi délicate, que d'après vos instructions. »

Bastia, 3 mai 1831.

« Monsieur le Garde des Sceaux,

» La fête du roi a été célébrée dimanche dernier, par les autorités et les habitants : tout s'est passé convenablement.

» Sur l'invitation du lieutenant général, la Cour a assisté, en robe rouge, à un *Te Deum* solennel dans lequel un curé, accusé de sentiments hostiles au gouvernement actuel, a voulu prouver par son discours qu'il lui était au contraire dévoué.

» Quoique je n'aie reçu de vous aucune instruction

à ce sujet, j'ai cru devoir opiner pour la participation de la Cour à la cérémonie publique, et mes motifs ont été d'appuyer aux yeux du vulgaire un gouvernement naissant, qui a des ennemis, et de ne pas me séparer du commandant militaire qui avait pris l'initiative, et avec lequel je dois, dans l'intérêt public, montrer que je suis intimement uni.

» Mais je ne puis vous dissimuler que je désapprouve personnellement toutes ces fêtes officielles, créées dans les temps gothiques et féodaux, où l'on se réjouit par ordre, qui, dès lors, ne peuvent être l'expression certaine des sentiments populaires, et qu'on a vues trop souvent n'être que des mensonges exploités par la flatterie pour tromper les rois.

» Les cérémonies religieuses imposées aux autorités me paraissent d'ailleurs contraires à la liberté des croyances et des cultes.

» Les fêtes et les processions étant très communes dans ce pays, l'inconvénient dont j'ai l'honneur de vous entretenir se représentera souvent. C'est ce qui me détermine à vous soumettre ces observations.

» J'ai donc l'honneur de vous prévenir que le parquet, dont les sentiments sont identiques, n'assistera désormais aux cérémonies publiques que quand j'en aurai reçu l'ordre formel du chef de la magistrature.

» Je suis, etc.   » CABET. »

Dans une autre circonstance, il intervient en faveur de Galotti, proscrit napolitain, auprès d'un consul de France en Italie.

15 novembre 1830.

« Monsieur le Consul,

» Vous savez sans doute que l'infortuné Galotti, récemment condamné à mort, à Salerne, pour fait politique, a été, par suite d'une commutation de peine, banni
pour dix ans : il vient d'arriver en Corse, où il s'était
réfugié, quand le gouvernement français l'a livré au gouvernement napolitain.

» Mais, d'une part, sa femme et son beau-frère condamnés l'une à 25 ans de prison, et l'autre à 19 ans
de fers, pour n'avoir pas révélé ses complices, gémis-
sent depuis deux ans dans les prisons; et, d'autre
part, il se trouve lui-même dans le dénûment le plus
absolu, tandis que les fermiers des biens de sa femme
ne lui payent aucun fermage.

» C'est l'ancien gouvernement français qui a causé
une partie de ses maux. La justice et l'honneur de la
France me semblent exiger que le gouvernement nouveau fasse ce qui dépend de lui pour les réparer ou les
adoucir.

» Je viens d'écrire au Garde des Sceaux; et le ministre des affaires étrangères (1) jugera peut-être conve-
nable de vous donner des ordres à ce sujet.

» En attendant, et déterminé seulement par un motif
d'humanité, j'ai l'honneur de m'adresser officieusement

(1) Dupont (de l'Eure) adressa, en effet, au général Sébastiani, ministre des affaires étrangères, une pressante invitation de venir au
secours du malheureux proscrit. Le général promit de lui faire compter quelque argent et d'examiner si le Gouvernement ne pouvait pas
intervenir auprès du Gouvernement napolitain pour adoucir le sort de
la femme Galotti et de son fils.

à vous en particulier, persuadé que le même motif vous animera en faveur de cette malheureuse famille. Je vous prie donc de choisir un avocat courageux et digne de confiance, de lui remettre la procuration ci-incluse, et de l'engager à prendre les mesures nécessaires pour forcer les fermiers à payer et même pour les expulser et choisir d'autres fermiers.

» Vous verrez s'il vous est possible de faire quelques démarches pour obtenir leur liberté, à la femme et au beau-frère de Galotti.

» Veuillez, etc.   » CABET. »

Dans une lettre confidentielle, avec la liberté d'un ami éprouvé, il engage Dupont (de l'Eure) à ne rien négliger pour venir en aide au mouvement italien, et exprime le vœu qu'il consente à mettre à profit les bonnes dispositions de la Corse pour favoriser l'indépendance de la Péninsule :

« Il paraît que l'Italie (surtout Rome et Naples) est organisée et disposée à tenter son affranchissement. Les réfugiés italiens qui sont à Paris, à Grenoble et en France, se préparent sans doute. Il est possible qu'ils aient le projet de se rendre d'abord en Corse. Quelques-uns sont ici depuis longtemps, mais immobiles. La population se prononcerait ici en leur faveur. Si le gouvernement avait des projets sur l'Italie, la position de la Corse serait excellente. Galotti pourrait être alors un homme précieux; il voulait aller à Paris, mais comme ce n'est pas un homme très-habile comme négociateur, comme il ne sait pas le français, comme son arrivée et ensuite son départ pourraient attirer les regards, on lui a conseillé de rester ici, et je crois qu'il fera mieux. Je n

rien écrit de tout ceci à personne; c'est une confidence que je vous fais. Donnez-moi votre pensée. Je ne pense pas que vous deviez parler officiellement, à moins que vos collègues ne vous paraissent bien disposés. Dans le cas où vos collègues, ou vous seulement, voudriez donner quelque suite à cette ouverture, il faudrait mettre dans votre confidence un seul individu, qui pourrait obtenir des réfugiés le moins possible de manifestations et de démonstrations. La prudence et le secret sont surtout nécessaires. Vous pourriez en parler à De Cruzy. Jourdan et moi, et le général même, serions parfaitement placés ici. Je n'en ai pas parlé au général, mais Jourdan partage mes dispositions. Il a beaucoup de relations en Italie et pourrait y exercer une utile influence. »

« CABET. »

Le 17 février 1831, il annonce au général Lafayette qu'il lui fera parvenir les listes et le produit d'une souscription ouverte en Corse en faveur de la Pologne, et lui transmet une adresse dont voici les parties les plus saillantes :

AU GÉNÉRAL LAFAYETTE, PRÉSIDENT DU COMITÉ POLONAIS.

« Général,

» Les braves Polonais, combattant depuis longtemps avec nous, ont partagé notre gloire et nos revers.

» C'est pour nous imiter qu'ils viennent de secouer un joug odieux, et de reconquérir leurs imprescriptibles droits.

» C'est aussi pour ne pas nous combattre, et par

conséquent pour nous défendre qu'ils bravent héroïquement tous les périls.

» Ils sont nos alliés, nos frères, notre avant-garde.

» Par reconnaissance, par attachement, par générosité, par intérêt même, leur cause est la nôtre; les abandonner, ce serait nous déshonorer aux yeux des peuples, ce serait nous abandonner nous-mêmes. Les secourir, c'est nous défendre, c'est un devoir, c'est une nécessité.

» Puisse le ministère français ne pas laisser écraser la Pologne! etc. »

Nous trouvons ici la première preuve publique de son dévouement à une noble cause, pour laquelle il était destiné à souffrir lui-même, quelques années plus tard.

En envoyant cette adresse au général Lafayette, il ajoute : « Un autre peuple réclame aujourd'hui l'intérêt » et l'appui de la France. Modène, Bologne, Ferrare, » une partie des États du Pape ont suivi notre exemple » et proclamé la liberté. Rome et Naples ne tarderont » probablement pas à les imiter.

» Si les Autrichiens interviennent, la France n'inter-» viendra-t-elle pas aussi ?

» Le ministère conservera-t-il sa pusillanime immo-» bilité?

» C'est à vous surtout, général, qu'il appartient d'exer-» cer une utile influence en faveur de la liberté, et j'es-» père que l'attente des peuples ne sera pas trompée. »

On le voit, comme la France de juillet, il s'intéressait à la liberté du monde. Mais le ministère et le roi avaient d'autres vues.

Même après sa révocation, dans laquelle le ministre

Barthe, autrefois son ami, s'oublia jusqu'à manquer aux convenances, Cabet continue à s'acquitter religieusement de tous ses devoirs ; il se montre aussi jaloux de sa dignité qu'il sait sauvegarder intacte, et use des pouvoirs qui lui appartiennent encore, avec le même esprit d'humanité. Voici un acte qui fait estimer son caractère :

« Bastia, 17 mai 1831.

» LE PROCUREUR GÉNÉRAL A M. LE PREMIER PRÉSIDENT
» DE LA COUR ROYALE DE BASTIA.

» Monsieur le premier président,

» J'ai reçu, le 14 courant, des lettres de grâce en faveur du solat Rocker, et, le 16, le général a donné les ordres nécessaires pour qu'il fût mis à ma disposition pour assister à l'entérinement desdites lettres.

» Je vous ai fait prier deux fois ce matin, par le greffier, de procéder à cet entérinement à l'audience de demain, mais le greffier m'a répondu, de votre part, que ces lettres ne seraient pas entérinées demain, d'où il suit que l'entérinement serait reculé jusqu'à l'audience de lundi.

» Je ne puis m'expliquer pourquoi l'on retiendrait un malheureux en prison jusqu'à *lundi*, lorsqu'il est possible de lui rendre sa liberté *mercredi*, conformément aux intentions du roi.

» Ma révocation ne m'étant pas encore notifiée, je suis toujours procureur général, et j'ai le droit d'en exercer les fonctions.

» En conséquence , j'ai l'honneur de vous prier de procéder demain à l'entérinement dont il s'agit.

» Si par hasard vous persistez dans votre refus , j'aurai fait mon devoir, et la responsabilité ne sera pas pour moi.

» Recevez, monsieur le premier président, l'assurance de ma haute considération.

» CABET. »

En quittant ses fonctions, il rédigea sur la Corse une note qui mérite d'être citée pour la précision du style et la solidité des pensées. Il semble l'avoir destinée au ministre de la justice, afin de transmettre à ses successeurs du parquet de Bastia le résultat substantiel de ses observations personnelles. On y surprend, jusque dans ses moindres détails , le coup d'œil profond de l'habile politique sur la Corse de 1830. Nous l'offrons à nos lecteurs après en avoir supprimé quelques passages pour abréger.

NOTE SUR LA CORSE.

« Les Corses sont pauvres , et cependant avides de pouvoir bien plus que de richesses ; rusés comme des Italiens , orgueilleux comme des Espagnols ; généreux , hospitaliers, belliqueux, braves, mais dominés en général par un faux point d'honneur : *la vendetta*. Pour elle, ils sacrifient tout ; et nuire à son ennemi par la dénonciation, le poignard, toutes les ruses imaginables, est à leurs yeux un droit, une action légitime. — Ce préjugé funeste tire sa source du défaut de justice des Génois, sous la domination desquels la Corse fut pendant près de cinq cents ans. Il commence à s'affaiblir surtout dans les villes telles que Bastia, Ajaccio et Calvi.

» Le Corse parle sans cesse de justice ; il l'aime avec ardeur, il applaudit du fond de l'âme à ceux qui la rendent exactement. Cependant, aveuglé par ses passions ou ses intérêts, il n'est rien qu'il ne fasse pour l'obtenir à sa guise. Lui tenir tête sans le braver ; être juste réellement, sans jamais refuser de l'entendre ; discuter patiemment son droit avec lui ; se montrer ferme sans dureté, poli sans affectation, généreux et noble sans ostentation ; ne jamais promettre en vain surtout, et se bien persuader que les yeux corses sont d'une pénétration à laquelle rien n'échappe, sont les plus sûrs moyens de réussir dans ce pays.

» Respecter leurs femmes, et pour cela s'en tenir à la sienne.

» Faire beaucoup soi-même, peu se fier à ses collaborateurs.

Étudier promptement l'italien. Point de mépris pour cette langue. Ils l'aiment parce que c'est encore celle qu'ils parlent le mieux.

» Repousser les dénonciations. Ne pas craindre de mépriser hautement les dénonciateurs.

» Poursuivre avec activité les crimes récents. Soulever le moins possible le voile qui couvre les crimes anciens, quoiqu'il n'y ait pas de prescription acquise.

» Il existe au parquet une liste de plus de deux cents condamnés ou accusés contumax ; c'est un bourbier qu'il ne faut pas trop remuer.

» M. Gilbert Boucher voulut, conformément au Code d'instruction criminelle, faire prononcer sur toutes les accusations par contumace. Il en résulta des condamnations sans nombre : la guerre fut dans le pays ; plus de cent gendarmes y périrent.

» J'avais pris pour règle de ne faire statuer sur ces accusations que quand un plus long retard aurait entraîné prescription, ou quand les accusés demandaient ou faisaient demander à être jugés, ou quand le jugement devait nécessairement entraîner un acquittement. Ceci pourra paraître singulier ; mais il faut voir, et ne pas se presser de juger cette marche qui m'a réussi complétement. Consulter à cet égard la direction des affaires criminelles du ministère.

» Le Corse aime son île avant tout. Il voudrait la voir indépendante. Il gémit en reconnaissant que cela ne peut être. Il méprise toute domination qui lui viendrait de l'Italie. Il aimerait assez l'Angleterre à cause de son éloignement. Il se résigne par calcul, plutôt que par affection, à appartenir à la France; mais il veut être Français tout de bon....

» Prendre garde de se considérer en Corse comme en pays étranger. Il ne pardonne pas cela.

» Les plus Français du pays et les Corses purs tiennent au général S***

» Les Corses anglais, les Corses italiens se groupent autour du premier président. Ménager celui-ci en évitant soigneusement sa domination.

» Le corps des voltigeurs corses est la plus grande ressource pour le maintien de l'ordre public. *Bien commandé*, on peut en obtenir les plus heureux résultats. Il rivalise avec la gendarmerie. Prendre garde que ces deux corps ne se heurtent : tout serait perdu.

» Bien vivre avec le lieutenant-général et le préfet. On

cherche sans cesse à les brouiller : le jour où ce triumvirat sera rompu, il y aura désordre.

» Si le colonel de gendarmerie veut faire bande à
part, s'il ne s'entend pas avec le commandant des voltigeurs, il faut qu'on le change.

» Le vol est considéré comme un crime par les Corses,
l'assassinat tout au plus comme un délit. Ne pas leur
céder sur ce point, et leur prêcher avec fermeté la morale opposée.

» Le premier avocat général, M. Tamiet, est ce qu'il
y a de mieux dans le parquet.... J'ai demandé qu'on le
nommât procureur général dans les colonies. Ce serait
un acte d'humanité et de justice. Il connaît bien la
Corse. On peut avoir de lui de très bons renseignements;
mais il faut les obtenir peu à peu et les peser mûrement
avant d'y ajouter foi.

» L'homme le plus sûr, en fait de renseignements,
le conseiller le plus juste, est M. Casabianca.

» Au reste, ne pas se presser. Juger par soi-même.
Se livrer peu, sans être trop boutonné.

» Le président Montéra est encore un homme juste,
de mœurs simples, grand travailleur.

» Le procureur du roi de Bastia, M. Bertora, est fort
zélé. Je l'ai fait placer là où il est. J'en étais content.
Un procureur général obtiendra toujours de lui beaucoup de travail et de dévouement. »

CHAPITRE V.

CABET DÉPUTÉ.

§ 1er — Son élection dans le deuxième arrondissement de Dijon.

Ce n'était pas sans un secret sentiment de satisfaction intime que Cabet avait recouvré son entière liberté. Par condescendance pour Dupont (de l'Eure), il avait consenti à partir pour la Corse et s'était résigné à une sorte d'exil, relégué à une immense distance de Paris et des événements qui décidaient des destinées de la Révolution; mais son séjour ne pouvait se prolonger longtemps dans cette résidence lointaine. Il faisait, sans doute, beaucoup de bien dans ce département insulaire; seulement, ce bien ne changeait rien à la situation générale de la France, objet de ses préoccupations incessantes. Son activité, ses relations solides autant qu'étendues, l'influence qu'il avait su conquérir sur certaines populations, lui assuraient les moyens de rendre son dévouement plus utile sur le continent. Son plus cher désir était d'entrer dans la Chambre élective; il savait qu'il y servirait efficacement son pays et l'humanité; c'était le poste d'honneur où il voulait être placé pour combattre les empiétements d'un gouvernement sorti des barricades, et qui oubliait son origine et ses promesses. Depuis quinze ans, ses compatriotes avaient jeté les yeux sur lui pour en faire leur représentant ; ils l'invitèrent eux-mêmes à poser sa candidature. Sa circulaire aux électeurs fut accueillie généralement avec beaucoup de faveur, et sa révocation lui permit de revenir en Bourgogne au moment opportun pour accroître encore par sa présence les sympathies qui se déclaraient pour lui de toutes parts.

Il quitta Bastia le 19 mai et rentra le 27 à Dijon. Il y reçut des témoignages sans nombre d'intérêt. On lui donna une sérénade à son arrivée, comme on lui en avait donné une en Corse à son départ. Louis-Philippe, pour écarter le souvenir importun de l'origine révolutionnaire de son gouvernement, et non par respect des principes, prononça la dissolution de l'Assemblée qui avait mis sur sa tête une couronne, et la lutte électorale, déjà commencée, s'engagea alors avec une ardeur fiévreuse.

Comme Cabet ne possédait pas le cens d'éligibilité, ses amis proposèrent à madame veuve L***, très riche propriétaire, de lui faciliter les moyens de l'obtenir (1). Cabet avait sauvé la vie à son mari en faisant acquitter le général Vaux, quand la Restauration avait choisi la Côte-d'Or pour essayer le système de terreur qui demandait les sept principales têtes dans chaque département. Cette dame vendit avec empressement au candidat patriote un de ses domaines en lui accordant le temps nécessaire pour en payer le prix. Par dignité, Cabet ne demanda pas une vente factice, mais une vente réelle,

(1) Mauguin, uni avec lui par les liens d'une ancienne et étroite amitié, offrait spontanément de lui venir en aide, en lui cédant quelques contributions.

à des conditions équitables. Tous les électeurs connu-
rent ces circonstances ; elles n'ont rien que d'honorable
pour Cabet, aux yeux des démocrates surtout, et le
lendemain d'une révolution qui aurait dû abolir tout
cens d'éligibilité.

Cabet pouvait compter sur des dévouements à toute
épreuve; beaucoup d'hommes considérables l'appuyaient
de tout leur crédit, entre autres MM. Monnet, Hernoux,
Adelon, Varembeg, Nanteuil et Lerouge. Mais il avait
aussi pour adversaire le plus redoutable concurrent,
M. le marquis de Chauvelin, ex-député de la Côte-d'Or,
l'un des coryphées du parti libéral dominant, vivement
soutenu par la cour et par le ministère. Après la destitution dont il venait de frapper Cabet, le gouvernement
croyait avoir un grand intérêt à faire échouer son élection. Plusieurs insinuations calomnieuses soit contre sa
conduite, soit contre ses opinions, furent répandues
parmi les électeurs avec un soin tout à fait ministériel;
Cabet les détruisit complétement dans le *Patriote de
la Côte-d'Or*.

Dans une brochure de quarante pages intitulée : *Lettre
de M. Cabet, ex-procureur général en Corse, aux électeurs du deuxième arrondissement de Dijon*, il présenta
le tableau le plus triste et le plus vrai de la marche rétrograde du gouvernement, et de la honteuse désertion
d'une multitude de prétendus patriotes qui n'avaient
feint d'embrasser la cause populaire que pour s'élever
à de hautes dignités, à des fonctions lucratives, et dans
l'intention habilement dissimulée de se ranger du parti
de ses contempteurs et de ses ennemis.

Il réclamait dans cette même lettre:

1° La non hérédité de la pairie, l'amélioration du

sort du peuple, en élevant sa condition sans humilier
ni abaisser celle des classes plus fortunées;

2° La fin du système de quasi-légitimité et de quasi-
liberté ;

3° La composition d'une représentation nationale
énergique qui ralliât les partis en sauvant l'indépendance et la liberté.

Au milieu de ces débats si passionnés, sa vie entière
fut examinée et discutée par ses ennemis, dans sa ville
natale. Aucune circonstance ne put échapper à leurs
investigations intéressées, la haine est clairvoyante, et
pourtant les menées dirigées contre lui tournèrent à sa
gloire et lui ménagèrent un grand triomphe. Le 6 juillet, jour de l'élection, la puissance de l'opinion l'emporta
sur les intrigues du ministère. Son nom sortit vainqueur
de l'urne ; il obtint une forte majorité. Ses concitoyens,
prononçant par leurs votes un jugement solennel sur
tout son passé, s'étaient montrés jaloux de l'honorer
d'un témoignage signalé de leur confiance. Cabet reçut
ensuite de nombreuses sérénades, de nombreuses féli-
citations, la visite de tous les officiers de la garde nationale, et même une fête magnifique dans le palais des
États.

Semblable à ces magistrats de l'ancienne Rome qui,
au moment d'entrer dans l'exercice de leur charge,
présentaient à leurs concitoyens le résumé des principes
qu'ils avaient résolu de suivre, Cabet aima toujours,
dans les phases diverses de sa patriotique carrière, à
s'imposer publiquement une règle de conduite qui dé-
terminait à l'avance le but et le sens de tous ses actes.
Après l'élection, il publia une nouvelle lettre, adressée
aux électeurs du deuxième arrondissement de Dijon et

à ses concitoyens des deux arrondissements. C'est une
sorte de déclaration des devoirs qui incombent aux
membres libéraux d'une chambre élective. En voici la
substance :

« Mes chers concitoyens,

» Je dois être bien flatté de vos suffrages ; car, obté-
nus après un exposé public de ma vie tout entière, sans
efforts clandestins, malgré d'indignes manœuvres pra-
tiquées pour m'écarter, ces suffrages sont la plus éclatante réponse à des insultes et à des calomnies que je
voudrais savo'r pardonnées par mes amis comme je
veux les oublier no'-rè-re.

» Je dois être bien fier surtout de représenter un
pays si distingué par son pat'otisme et ses lumières, où
le citoyen des campagnes, comme celui des villes, sait
quitter ses travaux pour venir s'asseoir au jury national,
et montrer assez de bon sens pour faire justice de l'intrigue, et pour choisir son défenseur dans la classe plébéienne et populaire.

» Quoique né dans cette classe, je n'éprouve aucun
sentiment ni d'envie ni de haine contre les classes pri-
vilégiées par la fortune ou par la naissance ; mais c'est
avec le peuple principalement que mes affections sym-
pathisent ; avec le peuple dont le bras nourrit et défend
l'État, dans lequel j'admire depuis longtemps la résigna-
tion et la générosité, ainsi que toutes les vertus privées
et patriotiques ; avec le peuple, qui a plus besoin de la
bienveillante sollicitude du législateur et de l'administration.

» ..... C'est avec une ardeur infatigable que je m'ef-
forcerai surtout de faire améliorer l'éducation et le bien-

être du pauvre ; de débarrasser l'agriculture, l'industrie et le commerce d'une foule d'entraves souvent aussi avilissantes que nuisibles, et de défendre les communes, les établissements publics, en un mot, tous les intérêts généraux.

» Quant aux intérêts individuels, j'en ai prévenu franchement dans ma profession de foi du 7 avril ; le député ne doit pas se charger de solliciter des *faveurs*, parce que le succès pourrait enchainer son indépendance à l'égard du ministre qui les aurait accordées, tandis qu'un refus, dont il ne pourrait se plaindre publiquement, déconsidérerait son caractère de représentant national ; mais toute réclamation fondée sur la *justice* et le *droit* me trouvera zélé pour l'appuyer officiellement, quelles que soient les opinions politiques du réclamant, et quels qu'aient été son vote ou sa conduite envers moi ; parce que, mandataire de l'arrondissement tout entier, je regarde comme un devoir de défendre indistinctement tous les citoyens. Heureux si, résolu à n'écouter jamais le souvenir d'un tort personnel, je puis n'avoir pour guide qu'une justice parfaitement impartiale, sans trop de sévérité contre mes amis, comme sans faiblesse et sans excès de générosité pour nos adversaires ou nos ennemis ! Heureux encore si, comme je le veux, je puis allier la sagesse à l'énergie.

. . . .

» Plusieurs personnes ayant eu l'idée de faire une souscription civique pour m'offrir une indemnité, une foule de citoyens les plus honorables et les plus éclairés ont pris part à cette souscription, dans le double but de me donner une marque publique de leur estime, et surtout de provoquer le législateur à rétablir un principe éminemment utile à la liberté du choix électoral.

» Notre département, et surtout notre ville, étaient dignes, en effet, de donner l'exemple au reste de la France, en pratiquant ici une mesure qui caractérise si bien les progrès de l'esprit public.

» Il était à craindre que mes adversaires, abusant de cette souscription et la dénaturant, ne s'en servissent comme d'une arme pour empêcher mon élection ; mais ce danger, pas plus que d'autres, n'a pu me faire reculer : j'aurais regardé comme une lâcheté de désavouer avant l'élection, dans mon intérêt personnel, une mesure si utile et si patriotique!

» Mais aujourd'hui que les électeurs ont tout connu et tout jugé, aujourd'hui que cette souscription ne pourrait avoir pour moi que des avantages sans inconvénients, je prie les souscripteurs de me permettre de ne pas l'accepter.

» Leur but est atteint; car plus de 300 des principaux citoyens ont manifesté leur opinion par leurs signatures données ou promises, et d'autres, sans nombre, suivraient certainement aujourd'hui leur exemple.

» Je pourrai donc, sans aucune crainte, réclamer à la tribune, et la suppression d'un cens dérisoire d'éligibilité, et l'indemnité pour tous les députés; et ma réclamation aura toujours tout l'appui que pouvait lui donner l'autorité du vœu d'un des départements les plus éclairés.

» CABET.

» Dijon, 8 juillet, 1831. »

§ II. — Session législative de 1831.

Cabet venait de remporter un magnifique triomphe devant le jury électoral, malgré la malveillance active dont il était l'objet de la part du ministère et du gouvernement. Nous l'avons déjà vu deux fois sur le chemin de la fortune et des honneurs, dans la carrière d'avocat et dans celle de magistrat. S'il n'y avait apporté d'autre visée que celle d'un agrandissement personnel, il n'aurait tenu qu'à lui de s'assurer les plus grands avantages. Mais sa nature dévouée et la délicatesse extrême de sa conscience le portaient à envisager toutes les fonctions qu'il était appelé à remplir, en se plaçant au point de vue du devoir social; et pour déterminer ce devoir, il s'élevait naturellement, sans effort, à une grande hauteur, en homme qui savait remonter jusqu'aux principes, et les embrasser dans toute leur étendue et dans toutes leurs conséquences. Il avait l'amour du sacrifice, comme tant d'autres le culte des intérêts. Il était armé contre toutes les séductions; le désir d'une vaine célébrité, fatal à plusieurs, était un piége trop grossier pour lui; son unique ambition c'était d'être utile. Par suite, son respect inviolable du juste lui avait déjà valu à deux reprises la persécution du pouvoir. Ses travaux parlementaires, inspirés du même esprit, aboutiront au même résultat. Son succès de Dijon lui ouvrait de nouveau accès à tout, mais il ne voulut songer qu'à ses devoirs, et il encourut encore une fois la proscription et même une proscription plus implacable que par le passé.

BIOGRAPHIE

DE

ÉTIENNE CABET

FONDATEUR DE

L'ÉCOLE ICARIENNE

PAR

Henry CARLE et J.-P. BELUZE.

DEUXIÈME LIVRAISON.

PRIX : 60 centimes. — Par la Poste, 70 c.

A PARIS,

CHEZ M. BELUZE,

3, RUE BAILLET.

www.ingramcontent.com/pod-product-compliance
Lightning Source LLC
Chambersburg PA
CBHW072231270326
41930CB00010B/2082